August Meitzen

Die Internationale Land- und Forstwirthschaftliche Statistik

Denkschrift für den Internationalen Kongress der Land- und Forstwirte zu Wien

August Meitzen

Die Internationale Land- und Forstwirthschaftliche Statistik
Denkschrift für den Internationalen Kongress der Land- und Forstwirte zu Wien

ISBN/EAN: 9783743466920

Hergestellt in Europa, USA, Kanada, Australien, Japan

Cover: Foto ©Suzi / pixelio.de

Weitere Bücher finden Sie auf **www.hansebooks.com**

DIE INTERNATIONALE

LAND- UND FORSTWIRTHSCHAFTLICHE
STATISTIK.

DENKSCHRIFT

FÜR DEN INTERNATIONALEN CONGRESS DER LAND- UND FORSTWIRTHE

ZU WIEN

AUF VERANLASSUNG

DES PRÄSIDENTEN DES CONGRESSES

SR. EXCELLENZ DES K. K. ÖSTERREICHISCHEN ACKERBAU-MINISTERS

HERRN RITTER VON CHLUMECKY

BEARBEITET

VON

Dr. AUGUST MEITZEN.
GEHEIMER REGIERUNGS-RATH
MITGLIED DES STATISTISCHEN AMTES DES DEUTSCHEN REICHS.

BERLIN, 1873.
WIEGANDT, HEMPEL & PAREY,
VERLAGSBUCHHANDLUNG FÜR LANDWIRTHSCHAFT, GARTENBAU UND FORSTWESEN.

Hochgeehrter Herr Minister!

Ew. Excellenz überreiche ich mit der Bitte um wohlwollende Beurtheilung diese Denkschrift, in der ich meine Meinung über die gestellte Frage vielleicht etwas zu frei von manchem Bedenken ausgesprochen habe.

Da der internationale Congress der Land- und Forstwirthe durch die Energie Ew. Excellenz und der Herren Organisatoren in verhältnissmässig so kurzer Zeit ins Leben gerufen wurde, haben mir für die Abfassung dieser Vorlage nur wenige Tage zu Gebote gestanden.

Möge es gelingen auf dem Wege internationaler Vereinbarung, deren Anregung in keinen geeigneteren Händen, als in denen Ew. Excellenz liegen kann, der land- und forstwirthschaftlichen Statistik die nützliche Fortbildung und allgemeine Vergleichbarkeit zu sichern, die sie schon lange vergeblich herbeiwünscht, und im Interesse volkswirthschaftlichen Wissens, wie des Wohles der Land- und Forstwirthe und damit aller Kreise der Bevölkerung dringend bedarf.

In grösster Ehrerbietung

Ew. Excellenz

ganz ergebenster

Berlin, den 10. Septbr. 1873.   Dr. Meitzen.

Internationaler Congress
der
Land- und Forstwirthe zu Wien
am 19. bis 25. September 1873.

Ueber welche Abschnitte und Erhebungsmethoden der land- und forstwirthschaftlichen Statistik empfiehlt sich eine internationale Vereinbarung, um vergleichende Resultate zu erlangen?

Inhalt.

	Seite
Allgemeine Lage der land- und forstwirthschaftlichen Statistik..	1
Mangel der internationalen Vergleichbarkeit.	3
Internationaler statistischer Congress..	6
Gedanke und Zweck des Themas.	9
Allgemeine Beantwortung desselben.	13
Vorschläge für die specielle Beantwortung:	15

1. Enquête über die Flächenverhältnisse der allgemeinen Arten land- und forstwirthschaftlicher Bodenbenutzung (Kulturarten), . . . 16
2. über die Flächenverhältnisse des Anbaues der wichtigeren Fruchtarten, ... 19
3. über das Ertragniss einer Durchschnittserute der wichtigeren Fruchtarten, ... 21
4. über die Flächenverhältnisse der verschiedenen Waldarten und über deren Holzbestand; 23
5. Zählung des Viehstandes und Anschlag der jährlichen Erzeugnisse desselben; 24
6. Enquête über Zahl und Grösse der Landwirthschaften und Zahl und Klassen der landwirthschaftlichen Bevölkerung; 26
7. Berichterstattung über den Ausfall der Jahresernte, die Preise der land- und forstwirthschaftlichen Produkte, über Ein- und Ausfuhr solcher Produkte, die Höhe der Transportkosten, die Tagelohnsätze, über die Kosten des Kredites, die Güterbewegung und die Kauf- und Pachtpreise. 30

Anträge für den internationalen Congress der Land- und Forstwirthe	33
Schluss..	35

Anhang.

I. Ueberblick über die hauptsächlichste amtliche Literatur der land- und forstwirthschaftlichenen Statistik in verschieden Staaten 39
II. Die von den betheiligten Staatsregierungen genehmigten Festsetzungen über die Organisation des internationalen statistischen Congresses. 43

		Seite.
III.	Beschlüsse des internationalen statistischen Congresses, die Landwirthschaft betreffend.	44
IV.	Beschlüsse des internationalen statistischen Congresses, das Kataster betreffend.	51
V.	Uebersicht über Inhalt und Anordnung der durch die französische land- und forstwirthschaftliche Enquête von 1862 beantworteten Fragen.	53
VI.	Formular zur Anbau- und Erntestatistik des Grossherzogthums Baden.	68
VII.	Uebersicht der von der Erntestatistik der im Reichsrathe vertretenen K. K. Oesterreichischen Länder beantworteten Fragen	72
VIII.	Uebersicht der von der Argrarstatistik des Königreichs Bayern beantworteten Fragen.	74
IX.	Das von dem internationalen statistischen Congresse als Grundlage für internationale Handelsnachweise vorgeschlagene Waarenverzeichniss.	76

Die land- und forstwirtschaftliche Statistik stellt sich die Aufgabe die Zustände und Fortschritte der Land- und Forstwirthschaft zu ermitteln und zu erläutern, indem sie die charakteristischen Thatsachen nach ihrer örtlichen Verbreitung aufsucht, und zahlenmässig in ihren gegenseitigen Verhältnissen darlegt.

Dem Gegenstande nach erfasst dieselbe den Boden und seine Benutzung, den Anbau und seine Erträge, Betrieb und Hülfsmittel der Wirthschaft, den Verkehr mit den nothwendigsten Lebensbedürfnissen, Zahl, Vertheilung, Ansässigkeit der landwirthschaftlichen Bevölkerung, ihren Besitz, ihre Arbeits- und Kapitalskräfte, ihre materielle und geistige Entwickelung. Sie gewährt also unmittelbaren Einblick in die wichtigsten Grundlagen des Volkswohlstandes und der Staatskraft.

Deshalb haben agrar- und forststatistische Ermittelungen in der Staatsverwaltung schon ziemlich früh, mit dem bewussteren Auftreten wirthschaftlicher Ideen, Anstoss und Anregung gefunden. Erleuchtete Fürsten, wie Ludwig XIV., Friedrich der Grosse, Joseph II. legten auf die Erhebung land- und forstwirthschaftlicher Angaben besonderen Werth, obwohl sie sehr gut wussten, dass die Ergebnisse bei der Unzulänglichkeit der Mittel der Wahrheit nur höchst unbestimmt nahe kommen konnten.

Die Thätigkeit auf diesen Gebieten ist seitdem eine allgemein über alle Kulturstaaten verbreitete geworden, schon das im Anhang 1 mitgetheilte reiche Verzeichniss der der amtlichen Statistik angehörenden wichtigsten Werke giebt davon hinreichendes Zeugniss. Die vollständige Literatur würde schwer zu erschöpfen sein.

In der neueren Zeit haben sich die Unternehmungen für den Zweck dieses Gebietes der Statistik von Jahrzehnt zu Jahrzehnt sehr bedeutend gesteigert.

Frankreich und Belgien haben ersteres 1840, 52 und 62, letzteres 1846, 56 und 66 ihre grossen umfassenden Ackerbau-Enquêten ausgeführt, und ihnen sind zahlreiche andere Staaten mit ähnlichen Bestrebungen unter verschiedenen Formen, so beispielsweise Schweden und Norwegen mit reichhaltigen 5-jährigen Berichten der oberen Verwaltungsbeamten gefolgt. Baden, Württemberg, Hessen haben dagegen, gestützt auf ihre Kataster, jährlich in sehr beachtenswerther Weise gemeindeweise speciell erhobene Angaben über die wichtigsten

Fragen der Agrarstatistik erzielt, und auch ihnen ist eine Anzahl anderer Staaten oder Gebiete wie Sachsen, Holland, Irland mit ähnlichen Ermittelungen von strengem statistischem Charakter anzureihen.

Ueberhaupt giebt es keinen Staat, der nicht einen gewissen Kreis agrar- und forstwirthschaftlicher Nachrichten sammelte. So sind Viehzählungen ziemlich allgemein verbreitet, und je nach den besonderen Einrichtungen werden bei gewissen Verwaltungsgeschäften oder anderen Richtungen der Statistik nebensächlich Zahlen für die Agrar- und Forststatistik, theilweis in weiter Ausdehnung gewonnen. Diejenigen Staaten, welche mehr oder weniger genaue Grundsteuerkataster besitzen, vermögen danach in der Regel die Kulturarten, den Schätzungswerth des Bodens und die Zahl der Besitzstücke anzugeben, bei den Volkszählungen wird durch die Berufsangaben die landwirthschaftliche Bevölkerung gesucht. Die Steuertabellen beleuchten einzelne Anbau- und Betriebszweige wie Wein, Taback, Zuckerrübenbau und deren Produkte, auch Bier-, Branntwein-, Essig-, Stärkeerzeugung. Die Zollnachweisungen ergeben Ein- und Ausfuhr der land- und forstwirthschaftlichen Produkte. Andere Verwaltungszweige Anderes.

Aber im Ganzen lässt sich gleichwohl nicht läugnen, dass über den Zustand der land- und forstwirthschaftlichen Statistik kaum irgendwo Befriedigung herrscht. Die theilweise recht lauten Klagen gehen auch nicht ausschliesslich von den Beamten oder von Volksvertretungen und gesetzgebenden Versammlungen aus, denen bessere Hülfsmittel erwünscht wären, sondern sie werden nicht weniger in den Kreisen der Land- und Forstwirthe selbst, in den Berathungen und Beschlüssen von Vereinen, Gesellschaften zu gegenseitiger Förderung und Congressen gehört, welche empfinden, dass ihren Bedürfnissen nicht genügt ist.

Manche dieser Beschwerden sind in ihren Anforderungen gewiss nicht ganz gerecht. Sie beachten nicht genug die Eigenthümlichkeiten der Land- und Forstwirthschaft, deren Mannigfaltigkeit und steter Wechsel für die statistische Beobachtung nahezu überwältigend wirken. Bei der besonderen Individualisirung und der allgemeinen Verbreitung des Agrar- und Forstbesitzes und Betriebes über die gesammte Fläche des Landes bildet jede genauere Erhebung eine sehr beträchtliche, mühevolle und kostspielige Unternehmung und steht bei weiterer Ausdehnung auf die an den verzeichneten Gegenständen eintretenden Veränderungen sehr bald an der Grenze der Ausführbarkeit.

Aber man muss zugeben, dass ein geschlossenes von einer systematischen Auffassung der Bedürfnisse der Land- und Forstwirthschaft selbst ausgehendes Bild in der Regel kaum erstrebt, viel weniger erreicht worden ist; dass der Agrar- und Forststatistik der meisten Staaten vielmehr durch die Art des Entstehens der Angaben der Charakter des Unzusammenhängenden, Lückenhaften und Gelegentlichen aufgeprägt, und damit ihr Interesse und ihr Nutzen wesentlich beschränkt ist, dass aber manche Staaten offenbar auch weit und selbst hinter dem leicht Erreichbaren zurückgeblieben sind.

Indess liegt die Spezialstatistik jedes Staates in seiner eigenen Hand. Viele Lücken, namentlich in Deutschland und England, sind anerkannt seit Jahrzehnten desshalb nicht ausgefüllt, weil man in der noch immer nicht verwirklichten Absicht und Hoffnung, bessere Methoden zur Durchführung zu bringen, sich nicht entschliessen wollte, inzwischen weniger genaue zu benutzen. Wie wir mit gerechter Anerkennung plötzlich eine sehr spezialisirte Agrarstatistik in Serbien, Rumänien, Griechenland entstehen sahen, kann sich auch in kurzer Zeit der Stand der Sache in anderen Staaten durchaus verändern. Gegenüber den anerkannten Bedürfnissen hängt es nur vom Willen und ziemlich geringfügigen Mitteln ab, die Agrar- und Forststatistik der einzelnen Staaten mehr oder minder schnell und vollständig, aber doch immerhin in befriedigender Weise, auf eine wünschenswerthe Höhe zu heben.

Von einem Mangel aber, und gerade von demjenigen, der mehr und mehr als der vorwiegendste in der heutigen Sachlage erkannt werden muss, lässt sich mit Sicherheit behaupten, dass er auf dem Wege eines solchen Ausbaues der Spezialstatistik der verschiedenen Staaten nicht behoben werden kann, auch wenn dieselbe in der That alle übrigen Anstände zu beseitigen vermöchte. Dieser Hauptmangel liegt in der weitreichenden Verschiedenheit der sachlichen und begrifflichen Voraussetzungen, von denen die Angaben der verschiedenen Staaten auf Grund abweichender theoretischer und praktischer Auffassungen und ihrer durchaus verschiedenartigen Gesetze und Verwaltungseinrichtungen ausgehen.

Ueber diesen Mangel an innerer Vergleichbarkeit kann jeder Versuch einer Gegenüberstellung der Ergebnisse verschiedener Staaten hinreichend belehren. Vergleichende Darstellungen, wie in den englischen Abstracts, oder in von Herrmann's „Ernten im Königreich Bayern", oder im Almanak der Universität Christiania, erweisen, wie spärlich das dafür zugängliche Material ist. Leider aber muss anerkannt werden, dass auch in diesen und ähnlichen Zusammenstellungen über viele ernste Bedenken hinweg gegangen werden musste. Bei näherer Kritik führt fast Alles, was an land- und forstwirthschaftlich-statistischen Vergleichen selbst in Fachschriften und in noch höherem Grade in der allgemeinen und der Tagesliteratur benutzt wird, zu vielfach sehr groben Irrthümern, weil die Vergleichung nur unter Einschränkungen zulässig ist, die der Fachmann zwar einigermassen würdigt, in der Regel aber ohne ein Uebermass von Erklärungen kaum deutlich zu machen vermag, das grössere Publikum aber weder mitgetheilt erhalten, noch beachten könnte.

Diese internationale Vergleichbarkeit jedoch ist für die Gegenwart zu immer grösserer Wichtigkeit gelangt. Man darf mit Recht sagen, dass die allgemeine Vergleichbarkeit eines gewissen eingeschränktern Kreises von Angaben nothwendiger geworden ist, als vollständige aber vereinzelte Schilderungen der Zustände, die sich ein Staat für sein besonderes Gebiet zu schaffen vermöchte.

Der Grund liegt darin, dass die Land- und Forstwirthschaft der Gegenwart mehr und mehr weitverbreitete Beziehungen erhalten hat, und ersichtlich in den Kreis der grossen und wechselnden Strömungen des Verkehrs eingetreten ist, der alle Welttheile umspannt.

Während noch im vorigen Jahrhundert nur zur See zwischen einzelnen Küstenländern ein erheblicher Handel mit Bodenprodukten denkbar war, und im übrigen eine lebhafte Anfuhr zu den ungewöhnlichen und vorübergehenden von Mangel, Krieg, Theuerung hervorgerufenen Ereignissen gehörte, hat die grossartige Entwickelung der Kommunikationsmittel unserer Zeit die Erzeugnisse des Anbaues aller Produktionsgebiete der Welt in die kaufmännische Berechnung hineingezogen. Ein kleines Mehr oder Minder des Preises oder der Transportkosten lässt statt der Ueberschüsse des Nachbarlandes die Ernte der entgegengesetzten Seite der Erde auf dem Markte erscheinen. Ja, wenn diese Massen ihre heimathliche Stätte niemals verlassen, genügt das Bewusstsein ihres Vorhandenseins und ihrer Erreichbarkeit, um einen Weltpreis zu reguliren, dem sich, vom Kleinbedarf des Augenblickes abgesehen, alle Plätze nach Verhältniss der Transportkosten unterwerfen müssen.

Doch nicht der Produktenverkehr allein, auch der Betrieb der Landwirthschaft und der landwirthschaftliche Beruf hat einen solchen Charakter gewonnen. Es sind nicht mehr ausschliesslich die altansässigen Familien des Bauern oder des Landedelmannes, die die Güter in hergebrachter Weise von Vater auf Sohn bewirthschaften, und den Werth ihrer Grundstücke nach der Befriedigung ihrer Bedürfnisse schätzen. Das Landgut ist ein Geschäft geworden, zu dem sich von nah und von fern Viele drängen. Bis in abgelegene Gegenden wirkt eine treibende Konkurrenz des In- und Auslandes, die sich nach den ihnen bekannt werdenden Umständen ein Urtheil über den Gewinn bilden, den sie nach Verhältniss ihrer Kapitalskraft und ihrer Wirthschaftskunst und Erfahrung aus dem Ankauf und Betriebe zu ziehen vermögen.

So sind die Güter das Objekt eines weitverzweigten Handels geworden. Man kann dies bedauern, aber es ist eine Thatsache, und die Grundstücke haben dadurch einen Kaufpreis erhalten, der nicht blos an den einzelnen Stellen geltend wird, wo vielleicht ein Fremder eine bis dahin unerhörte Summe für eine Wirthschaft gezahlt hat, sondern welcher allgemein wirkt, auf alles Besitzthum der Umgegend verhältnissmässig übergeht, der dem Kapital, soweit es auch hergeholt werden müsste, entsprechende Bürgschaft sicherer Anlage giebt, durch diesen Weg aber fast ohne Zuthun Kredit und damit die Mittel weittragender Verbesserungen herbeischafft.

Der Zauberstab für die grossartigen überwältigenden Kulturfortschritte, die wir wie Wunder unter unseren Augen entstehen sehen, ist also offenbar die richtige zuverlässige Einsicht in die bestehenden wirthschaftlichen Zustände, die Möglichkeit einer besonnenen Beurtheilung der Kulturfähigkeit, die nicht blos dem mit der Oertlichkeit genau und umfassend Vertrauten, sondern auch dem ferner Stehenden, mit Land und Leuten kaum Bekannten überzeugend dargeboten und zugänglich wird.

Es scheint also kaum nöthig nähere Beweise zu erbringen, wesshalb die land- und forstwirthschaftliche Statistik internationalen Werth hat und für den internationalen Gebrauch vorbereitet werden muss.

Gleichwohl aber erhöht es vielleicht den Eifer der Landwirthe für dieses Ziel, wenn sich zeigt, dass auch ihre nächsten Beschwerden durch vergleichende statistische Erkenntniss Hülfsmittel, wenn nicht der Befriedigung, doch der Erleichterung und der Beruhigung finden können.

Die Beschwerden der Landwirthschaft, die in unserer Zeit blüht, wie noch nie, sind gleichwohl sehr eingreifend. Sie beklagt sich über die Schwierigkeit ihre Verbindlichkeiten zu erfüllen, weil sie überaus hohe Kaufpreise und Pachtzinsen übernommen hat; sie fordert leichtere Zugänglichkeit mindestens des wohlbegründeten, völlig gesicherten Kredits; sie erklärt, dass ihre Steuern zu hoch und ungleichmässig, auch ungerecht gegen andere Klassen der Besteuerten aufgelegt seien; sie klagt über Mangel und Kostspieligkeit der Arbeitskräfte; sie findet ihren Absatz schwierig, unberechenbar und voll Uebervortheilungen, weil er in den Händen einer rührigen, nicht zu umgehenden Spekulation liegt.

Diese Beschwerden sind über alle Länder verbreitet und deuten auf eine allgemeine Conjunktur. Auch ist ihre thatsächliche Begründung kaum zu läugnen, ebenso wenig aber kann man im Zweifel sein, dass alle diese Uebel hauptsächlich zu vermeiden oder zu mildern sind durch eine bessere und allgemeinere Erkenntniss der wahren Zustände der Wirthschaft.

Wo in der That die Steigerung der Kauf- und Pachtpreise eine übermässige ist, beruht sie auf einer unrichtigen Schätzung der Kosten, des nothwendigen Betriebskapitals oder des Risikos. Wo unbegründeter Weise Kredit mangelt, fehlt die hinreichende Beweisfähigkeit der vorhandenen Sicherheit. Keine Staatsverwaltung der Gegenwart verweigert die Abänderung eines ungerechtfertigten Steuerdruckes, sobald er durch genügende Gründe erwiesen wird. Die Gefahren der Arbeiterverhältnisse lassen sich beschwören, wenn man sorgfältig die Ursachen beobachtet, wesshalb gewisse Landstriche davon unberührt geblieben, und wenn man versucht, deren Verhältnisse nach Möglichkeit zu übertragen. Die Spekulation aber, welche allerdings gegenwärtig von der Landwirthschaft durch hohe Summen ernährt wird, würde sich von den landwirthschaftlichen Produkten mehr und mehr zurückziehen und deren Vertrieb den Händen von Kaufleuten überlassen, welche weniger Prozente fordern, wenn durch schnell und allgemein bei den Landwirthen wie bei den Händlern verbreitete, richtige Beurtheilung des Standes der Ernten in allen konkurrirenden Theilen der Erde die Erwartung des Bedarfes an Sicherheit, und damit der Preis an Stetigkeit gewönnen. Die Kosten des aus der Unkenntniss und Unsicherheit fliessenden grösseren Risikos trägt der Produzent ohne die Hoffnung irgend eines Ersatzes.

So kann denn kein Zweifel sein, dass die Land- und Forstwirthschaft der verschiedenen Länder gewissermassen solidarisch in dem Interesse verbunden ist, die land- und forstwirthschaftliche Statistik zu vergleichbaren Resultaten fortzubilden.

Es ist leicht erklärlich, dass das Bedürfniss einer solchen internationalen Vergleichbarkeit nicht allein auf dem Gebiet der Agrar- und Forststatistik, sondern mehr oder weniger auch auf den meisten anderen Gebieten der Statistik empfunden worden ist und empfunden wird, und dass man überall nach dessen Befriedigung trachtet, wo Statistik praktisch oder wissenschaftlich betrieben wird. Deshalb hat die neuere Zeit in dem internationalen statistischen Congresse ein ausdrücklich für diesen Zweck bestimmtes Organ gefunden.

Der Congress entstand 1853 in Folge der ersten Londoner Weltausstellung, als das Zusammenströmen der verschiedensten Fachgenossen und die ausserordentlich verbesserten Verkehrsmittel den Gedanken internationaler Versammlungen näher legten.

Er hat seitdem in acht Zusammenkünften in verschiedenen Hauptstädten Europas mit einem ungewöhnlichen Aufwand von Kräften und Mitteln, aber auch mit grossem Ernst und ohne sich an der Phrase genügen zu lassen, die Aufgabe verfolgt, die statistische Theorie und Methode klar zu stellen, systematisch auszubauen, gleichmässige Normen dafür zu suchen, und dadurch nicht allein die Ausführung in den einzelnen Staaten anzuregen und zu heben, sondern wesentlich auch die innere Vergleichbarkeit der Ergebnisse, die von der Spezialstatistik der betheiligten Staaten gewonnen werden, zu fördern und zu erhöhen.

Diese internationale Vergleichbarkeit ist dabei so sehr Zweck, dass in neuster Zeit sogar der gesammten Organisation des Congresses unter diesem Gesichtspunkte eine festere Gestalt gegeben worden ist. Seit dem laufenden Jahre besteht für seine Geschäftsleitung eine permanente Commission aus Delegirten aller betheiligten Staaten, welcher unter bereits ausgesprochener Genehmhaltung der betreffenden Regierungen als hauptsächlichste Aufgabe gestellt ist, die in der Statistik der verschiedenen Staaten erzielten Ergebnisse zu internationalen vergleichenden Darstellungen zu vereinigen und, durch die gegenseitige Unterstützung der statistischen Behörden, dafür zu wirken, dass sich die Ergebnisse möglichst diesem Ziele entsprechend entwickeln. Die näheren Festsetzungen über diese Organisation ergiebt der Anhang II.

Auch die land- und forstwirthschaftliche Statistik hat der Congress sofort bei seinem ersten Zusammentreten ins Auge gefasst, und hat sich zunächst über die wichtigsten Ziele und Gegenstände der einschlagenden Ermittelungen ausgesprochen und dann in den späteren Berathungen die Einzelheiten mehr und mehr ausgebaut.

Seine jederzeit in ganz bestimmt formulirten Sätzen in den sehr reichhaltigen Rechenschaftsberichten niedergelegten Beschlüsse sind im Anhange III vollständig und in der Reihenfolge, in der sie auf den verschiedenen Zusammenkünften gefasst worden sind, mitgetheilt.

Die Forderungen, welche der Congress für die internationale land- und forstwissenschaftliche Statistik gestellt hat, sind um so beachtenswerther, als er sich zu jeder Zeit aus einer grossen Zahl von Sachkundigen aller Richtungen nicht allein der Statistik, sondern auch der Land- und Forstwirthschaft zusammen setzte, und wenn der internationale Congress der Land und Forstwirthe sich auch voraussichtlich für sehr abweichende Erklärungen entscheiden sollte, so ist es doch nothwendig die Beschlüsse des statistischen Congresses mit ganzer Aufmerksamkeit ins Auge zu fassen.

Schon 1856 in Brüssel erklärte der internationale statistische Congress: Die Erhebungen der landwirthschaftlichen Statistik haben zum Zweck, die Thatsachen zu ermitteln, welche geeignet sind, vollständige Kenntniss von den zu einer bestimmten Zeit bestehenden Bedingungen, den Verfahrungsweisen und Erfolgen des landwirthschaftlichen Gewerbes eines Landes zu geben.

Sie würden deshalb, um die Theorie zu befriedigen, alle die Thatsachen umfassen müssen, welche unter den möglichen verschiedenen Gesichtspunkten als wesentliche Elemente für die richtige Beurtheilung dienen können. Praktisch aber müssen die Erhebungen der landwirthschaftlichen Statistik jedenfalls ein Minimum von Fragen bezüglich des Areals oder der Oberfläche des Bodens, die zu jeder Art von Kultur verwendet ist, bezüglich des Ertrags jedes dieser Kulturen, der Art der Bewirthschaftung, des Werths der Produkte, der ländlichen Arbeiter und der Zahl der Hausthiere umfassen.

Die Pariser Session von 1855 formulirte diese Forderungen genauer: Sie verlangte eine jährliche Feststellung derjenigen Flächen, welche den einzelnen Anbauarten gewidmet sind. Dabei sollen die verschiedenen Arten des Getreides, einschliesslich Buchweizen, Mais, Hirse und anderer Cerealien, die Kartoffeln und andere Knollenfrüchte, Wurzeln und essbare Zwiebeln einschliesslich der Zuckerrüben, wie auch ihre Verwendung sei, Hülsenfrüchte, Oelfrüchte, Gespinnstpflanzen und andere nicht zu den Nahrungsmitteln gehörige Industriepflanzen unterschieden werden, ebenso künstliche und natürliche Wiesen, und jährlicher Futterbau, Weinberge und Gemüsebau.

Ferner fordert der Congress eine jährliche Angabe der auf diesen verschiedenen Flächen geernteten Früchte, sowie des Ertrages der Obstbäume, Mass und Stückzahl auf Gewicht reducirt.

Zu diesen Angaben, die er als ein Minimum betrachtet, wünscht er weitere über den Preis des Holzertrages von der Hektare, über das Ergebniss der Bienen- und Seidenzucht, über Be- und Entwässerungen, den Fortschritt der Drainage, den Gebrauch von Maschinen und Aehnliches.

Neben diesen jährlich zu beschaffenden Angaben wird um jedes 10. Jahr eine umfassendere Erhebung und Beschreibung gefordert, welche nicht allein die Ergebnisse der gedachten jährlichen Ermittelungen zusammenstellen, sondern sich auch auf Waldwirthschaft, Sandschollendeckung und Bruchmeliorationen, auf die Kosten der Landarbeit, des Düngers, des Ausdrusches und Transportes und auf die Düngemittel und deren Verbrauch, sowie auf Weidezeit und Weidenutzung erstrecken soll, nicht weniger aber auch die verschiedenen Gattungen der Arbeiter und deren Unterhaltung, Arbeitstage, Nebenbeschäftigung, Kost, Deputat, Wohnung, Kleidung, Steuern, Familienstand, Alters- und andere Verhältnisse zu berücksichtigen, und endlich auch den Viehstand nach Zahl, Alter, Race, sowie Preis und Gewicht, das Schlachtvieh, Ertrag an Dünger, Zuwachs, Wolle und Verluste durch Krankheit oder Unfälle u. ähnl. m. aufzunehmen haben würde.

Dazu sollen Feststellungen über die Zahl der Eigenthümer, die selbst wirthschaften, der Pächter und der Verwalter, über die Ausdehnung der Landgüter und über ihren Werth und ihre Kauf- und Pachtpreise treten.

Auch sollen die Ermunterungen der Landwirthschaft seitens des Staates wie der Vereine und Gesellschaften, die Wettrennen, Thierschauen u. dgl., die landwirthschaftlichen Schulen, Schriften und Wanderlehrer, die Versicherungs-Anstalten für Feuer, Hagel und Vieh, sowie deren Erfolge, endlich auch der Grund-Kredit und seine Operationen in Betracht gezogen werden.

Der Londoner Congress hat dabei den Wunsch ausgesprochen, dass in allen Ländern der Ernteertrag der Hauptfrüchte jährlich ermittelt, ebenso das Anbauverhältniss und womöglich auch die Viehzahl, letztere aber mindestens das 5. Jahr, und dass auch Beschaffenheit und Werth der Feldfrüchte geschätzt werden möge.

Diese Forderungen hat die Florentiner Congresssitzung von 1867, wie die Anlage ergiebt, bezüglich der Viehzählungen, der Ernteertragsschätzungen und Preise, der Ernteverluste und namentlich der Kultur-Kosten noch viel weiter ins Einzelne gehend entwickelt.

Als nothwendige Ergänzung aber gehört zu diesen speciell über die Land- und Forstwirthschaft gefassten Congressbeschlüssen noch der Kreis von Forderungen, welche der Congress für die Statistik des Grundeigenthums gegeben hat, und welche im Anhange IV mitgetheilt sind. Dieselben enthalten die sehr genauen Bestimmungen, nach welchen eine Landes-Vermessung und Parzellarkatastrirung wünschenswerth erscheint, und die Einrichtungen, welche bei der Fortführung des Katasters für einen genaueren Einblick in den Stand und den Wechsel der Bodenbenutzung und des Grundeigenthums zu treffen sind.

Es ist schon aus diesem nur allgemein zusammengefassten Ueberblicke hinreichend ersichtlich, wie der Congress die Aufgaben der internationalen land- und forstwirthschaftlichen Statistik auffasst, und dass darin in der That kaum ein Zug fehlt, den man für die Erkenntniss der land- und forstwirthschaftlichen Zustände im einzelnen Lande sowohl, als übereinstimmend in allen Ländern, zum internationalen Vergleiche wünschen könnte.

Aber es lässt sich nicht verkennen, dass darin auch unmittelbar der verschiedene Standpunkt ausgedrückt ist, auf dem er sich gegenüber dem Thema befindet, mit dem sich der internationale land- und forstwirthschaftliche Congress beschäftigen will.

Der Unterschied liegt in der Wahl der Mittel und in der Aussicht auf die Ausführung.

Die Vorschläge des Congresses in dieser Richtung sprechen sich nur über wenige Gesichtspunkte der Ausführung genauer aus. Am eingehendsten geschieht dies bezüglich der Viehzählungen, indem der Congress als wünschenswerth bezeichnet, dass für den Zweck derselben an jeden Viehbesitzer eine besondere Liste zur Ausfüllung vertheilt werde, und dass die Viehzählungen im Monat Dezember vorzunehmen seien.

Ferner drückt er den Wunsch aus, dass alle Regierungen sich so bald als möglich mit der Organisation eines auf Landesvermessung begründeten Parzellarkatasters zu beschäftigen geneigt sein möchten, und dass überall, wo ein solches Kataster besteht, es zur Grundlage und Kontrole der Statistik der Kulturarten dienen möge; dass aber in den Ländern, wo ein Kataster nicht besteht, die statistischen Operationen nach den Methoden, welche örtlich die meiste Sicherheit darböten, vorgenommen, dabei indess die benutzten Mittel und Wege jedesmal angegeben werden möchten; auch dass man dahin streben möge, die Art der Ermittelung so zu wählen, dass sie für alle Erhebungen auf den industriellen Gebieten anwendbar sei.

Im übrigen erklären die Beschlüsse nur im allgemeinen, dass die landwirthschaftlichen Erhebungen keine glaubwürdigen Ergebnisse gewähren können, wenn sie nicht so angeordnet sind, dass sie alle die Thatsachen, welche sie sammeln sollen, am Orte selbst und mit Hülfe sicherer und intelligenter Agenten constatiren; dass die Angaben am besten durch Privatleute, die zu Commissionen vereinigt werden, zu erheben sind, in Oertlichkeiten aber, wo solche Commissionen nicht gebildet werden könnten, oder nicht zweckdienlich wirksam würden, dieselben durch einen speciellen und bezahlten Commissar ersetzbar sind; endlich dass der Congress nicht geglaubt hat, eine völlig bestimmte und gleichförmige Weise des Verfahrens bezeichnen zu sollen; diese Weise könne nicht allein in jedem Lande nach dessen Verwaltungsorganisation und den bestehenden Eigenthumsverhältnissen, sondern auch in demselben Lande verschieden sein, jenachdem in den verschiedenen Theilen desselben verschiedene Bedingungen in der Vertheilung des Grundeigenthums herrschen.

Im Ganzen ist also das Verfahren des Congresses ein überwiegend theoretisches. Er stellt die letzen Ziele in einem durchaus zutreffenden Bilde des Wünschenswerthen hin, giebt auch in allgemeinen Zügen den Weg an, auf welchem ein Staat oder sämmtliche Staaten zu diesem Ziele zu gelangen vermögen; aber da ihm keinerlei andere Befugnisse zustehen, als seine Wünsche für die statistischen Unternehmungen den Regierungen auszusprechen, und er denselben überlassen muss, wie weit sie diesen Wünschen näher treten wollen, glaubt er, bei der ausserordentlichen Mannigfaltigkeit der Verhältnisse grade auf den Gebieten der Land- und Forstwirthschaft, auf das Einzelne der Ausführung in den verschiedenen Staaten nicht näher eingehen zu sollen.

Wenn das vorliegende Thema des internationalen Congresses der Land- und Forstwirthe dagegen frägt:

> über welche Abschnitte und Erhebungsmethoden der land- und forstwirthschaftlichen Statistik empfiehlt sich eine internationale Vereinbarung, um vergleichende Resultate zu erlangen?

so ist allerdings auch hier zunächst nur von einem Wunsche die Rede, aber von einem, der, wenn nicht sicherer, doch sehr viel einfacher erfüllt werden kann, und dessen Erfüllung die gesammte Frage in eine durchaus andere Lage bringt.

Das Thema enthält den Wunsch, dass sich die Regierungen zu einer internationalen Vereinbarung über die Erhebungen auf dem fraglichen Gebiete der Statistik herbeilassen, und es geht von der Voraussetzung der Erfüllung dieses Wunsches aus.

Es ist hier nicht Aufgabe die Wahrscheinlichkeit des Zustandekommens einer solchen Vereinbarung zu erörtern. Jedenfalls wird dieselbe um so eher erreicht werden, je bestimmter nachgewiesen wird, dass sie ohne Belästigung des einzelnen Staates nützliche Zwecke zu erzielen vermag.

Darin liegt offenbar ein fruchtbarer und glücklicher Grundgedanke, der mit Recht auffordert, den Organisatoren des internationalen Congresses der Land- und Forstwirthe im Interesse der Statistik aufrichtigen Dank für die Wahl des Themas auszudrücken.

Es bedarf keiner näheren Ausführung, weshalb der Ausbau der land- und forstwirthschaftlichen Statistik auf dem Wege einer internationalen Vereinbarung der Regierungen einen von den bisherigen Bestrebungen auf diesem Gebiete durchaus abweichenden Charakter erhalten muss.

Eine solche Vereinbarung ist bestimmt auf ihren Zweck hingewiesen. Es kann sich für sie nicht darum handeln, die Förderung der Agrar- und Forststatistik im Allgemeinen zu erstreben, dies ist Sache jedes einzelnen Staates, sondern die Vereinbarung muss ihre Aufgabe unmittelbar in den Anordnungen, welche die Vergleichbarkeit der Resultate sichern, sehen. Diese Vergleichbarkeit schliesst in sich, dass die zu vergleichenden Gegenstände sachlich und begrifflich genau festgestellt werden, und dass man sich die Ausführung der Ermittelungen nicht allein diesen Gegenständen, sondern auch der Zeit nach zusichert.

Es können also Unternehmungen, wie die Anordnung und Durchführung eines Parzellarkatasters, auf dessen Herstellung der internationale statistische Congress mit Recht den grössten Werth legt, gleichwohl schon ihrer Natur nach nicht als Gegenstand einer solchen Vereinbarung gedacht werden. Die verschiedenen Staaten werden niemals übereinstimmende Zusicherungen über so grossartige, weitaussehende und von den Zusammentreffen der verschiedenartigsten Bedingungen abhängige Operationen geben. Vielmehr kann für eine solche Vereinbarung mit der Hoffnung auf ein Zustandekommen derselben, immer nur ein bestimmter Kreis von Ermittelungen in Aussicht genommen werden, nur ein Minimum, welches von anerkannten Bedürfnissen geboten ist, und für dessen Verwirklichung die Mittel allgemein vorhanden, oder doch hinreichend leicht zu beschaffen sind.

Die Frage nach den Gegenständen, die zu diesem Kreise zu rechnen sind, stimmt mit der im Thema gestellten nach den für die Vereinbarung zu empfehlenden Abschnitten der Agrar- und Forststatistik überein.

Es handelt sich dabei nicht blos um die Bezeichnung der Gebiete, auf welche man übereinstimmende Ermittelungen erstrecken will, sondern es bedarf innerhalb jedes dieser Gebiete ganz bestimmter Feststellungen dessen, was von jedem Staate gleichmässig der Vergleichung dargeboten werden soll. Dass dabei die Ergebnisse mit genügender Sicherheit auf gleiche Masse, Gewichte und Geldwerthe zurückführbar sein müssen, und dass sie eine Gestalt gewinnen müssen, welche die Zusammenstellung in einer nicht blos übersichtlichen, sondern auch den Bedürfnissen der beabsichtigten Vergleichung entsprechenden Form gestattet, ist selbstverständlich. Aber es muss auch der Weg gefunden werden, für gleiches Verständniss der Fragen in allen Staaten und bei allen denen, die als Ausführende die Befragung vorzunehmen, oder als Befragte die Antworten zu geben haben, zu sorgen. Die Sicherheit der Fragestellung hängt deshalb von völlig scharfen Begriffsbestimmungen ab. Die Abgrenzung der Unterscheidungen muss so sorgfältig sein, dass Verwechselungen, Auslassungen und Einrechnungen fremdartiger Gegenstände nach Möglichkeit ausgeschlossen werden. Solche Feststellungen erfordern eine grosse Kenntniss und richtige Auffassung der Mannigfaltigkeit sachlicher und örtlicher Beziehungen und eine gewisse Befähigung für Gemeinverständlichkeit.

Die weitere Frage nach der Ausführung fällt mit der im Thema gebrauchten nach den Erhebungsmethoden zusammen.

In Betreff der Erhebungsmethoden ist bereits darauf hingewiesen, dass allgemeine Zählungen und Verzeichnungen mit genauen von der einzelnen Oertlichkeit oder Person ausgehenden Angaben, wie sie bei anderen Gegenständen der Statistik die Regel bilden, bei den statistischen Erscheinungen der Land- und Forstwirthschaft schwer zu überwindende Schwierigkeiten finden. Für eine Reihe von Fragen sind sie überhaupt gar nicht ausführbar. Häuser, Vieh kann man zählen, der Zählung der Wirthschaften oder der in der Land- und Forstwirthschaft beschäftigten Personen stehen schon grosse Anstände entgegen, genaue Zahlen über die Flächen der Kulturarten und des Anbaues der Früchte hängen vom Vorhandensein einer Vermessung ab; zahlreiche andere Angaben über Erträge, Zuwachs, Kosten, Löhne, Konsumtion, Werthe, selbst über Verkehr, Marktpreise und ähnliche können fast ohne Ausnahme nur auf Grund von Schätzungen hingestellt werden. Solche Durchschnitts- und Ueberschlagsschätzungen werden zwar mit Hülfe aller vorhandenen Auskunftsmittel und

Anhaltspunkte, aber im Wesentlichen doch nur nach bestem Ermessen Sach- und Lokalkundiger abgegeben. Es ist ihnen je nach den für sie vorhandenen Kräften eine grosse Vertrauenswürdigkeit häufig gar nicht abzusprechen. Ja es können Zählungen und Messungen, welche nicht unmittelbar aus der Sache hervorgehen, und deshalb nicht mit voller Sicherheit den Gegenstand der Frage erfassen, durch Verwechselungen und Missverständnisse sehr viel gröbere Irrthümer herbeiführen. Die Richtigkeit der Schätzung hängt gleichwohl überall von der Tüchtigkeit des Experten ab.

Die ausgedehnte Anwendung von gutachtlichen Ermittelungen auf Gegenstände, welche ihrer Natur nach gemessen oder gezählt werden könnten, ist eine Eigenthümlichkeit der Enquête. Sie muss unvermeidlich den Mangel geringerer Beweisfähigkeit an sich tragen, und man wird wegen dieses Bedenkens nicht mit Unrecht vom Enquêteverfahren Abstand nehmen, so lange man die Ausführung genauerer Ermittelungen in Aussicht hat. Aber dasselbe bildet den bei weitem einfacheren Weg, welcher je nach Zeit und Bedürfniss tiefer oder weniger tief eindringen, und in jedem Falle eingeschlagen werden kann. Im Mangel anderer Vorbereitungen und Hülfsmittel muss über jeden überhaupt geeigneten Gegenstand mindestens doch das Urtheil eines mit den Verhältnissen örtlich und erfahrungsmässig möglichst Vertrauten erreichbar sein, und als der verhältnissmässig richtigste Massstab in willkommener Weise die zur Zeit beste Aufklärung geben.

Der Weg der Enquête ist also augenscheinlich die einzige Methode, welche als allgemeine von der internationalen Vereinbarung übernommen werden könnte. Die Verschiedenheit der Verhältnisse in den betheiligten Staaten wird aber in dem einen sehr viel entwickeltere Erhebungsweisen gestatten, als in dem anderen, und man wird jedenfalls die weniger gute Methode da nicht anwenden, wo bessere üblich oder leicht durchzuführen sind. Es wird deshalb eine Gleichheit der Methoden ebenso wenig Gegenstand der Vereinbarung sein können, als ein gleiches Mass der Genauigkeit. Die unvermeidliche Anwendung verschieden durchgebildeter Methoden bedingt unmittelbar, dass auch ein gleicher Grad der Uebereinstimmung mit der Wirklichkeit nicht beansprucht werden kann. Vielmehr bleibt die Zusicherung, einen gewissen Kreis von Fragen in vergleichbarer Weise zu beantworten, so sehr der Hauptgegenstand der Vereinbarung, dass jede weitere Bedingung nebensächlich und erschwerend erscheint, und schwerlich übernommen werden wird. Die Staaten müssen offenbar freie Hand haben, je nach den grösseren oder geringeren Hindernissen, die sie in bestehenden oder veränderten Verhältnissen finden, der eine die Fragen nur ungenau nach allgemeinen Schätzungen und Ueberschlägen, der andere ungleich genauer nach Zählungen und Messungen zu beantworten. Diese Verschiedenheit liegt im Wesen der erstrebten internationalvergleichbaren Statistik und muss Jedem, der die Vergleichungen benutzt, als unvermeidliche Voraussetzung einleuchten und bewusst sein.

Will man also die in Thema gestellte Frage zunächst ganz allgemein beantworten, so darf man sagen

um vergleichbare Resultate in der land- und forstwirthschaftlichen Statistik zu erlangen, empfiehlt sich der Weg internationaler Vereinbarung für einen wenn auch beschränkten Kreis solcher Ermittelungen, deren Ergebnisse dem Gegenstande nach anerkannten und dringenden Bedürfnissen entsprechen und ohne übereinstimmend festgestellte sachliche und begriffliche Grundlagen nur mit der Gefahr von Lücken, Irrthümern und Verwechselungen aus der Spezialstatistik der einzelnen Staaten zusammengestellt werden können: die Erhebungsmethode darf dabei als untergeordnet betrachtet werden, jedenfalls aber muss, ohne entwickeltere Verfahrungsweisen auszuschliessen, jedem Staate die Anwendung der Enquête in mehr oder weniger eindringender Form frei stehen.

Die spezielle Antwort hat die Aufgabe, die einzelnen Ermittelungen vorzuschlagen, welche diesen Bedingungen entsprechen, und sich deshalb zur Empfehlung durch den Congress der Land- und Forstwirthe eignen.

Für diese speziellen Vorschläge bieten die Beschlüsse des internationalen statistischen Congresses unzweifelhaft sehr viel Beachtenswerthes.

Prüft man die einzelnen oben skizzirten Forderungen desselben und erwägt dabei, dass für den vorliegenden Zweck nicht diejenigen Gegenstände in Frage stehen, welche an sich statistisches Interesse haben, sondern nur die, für welche das Bedürfniss internationaler Vergleichung zwischen den verschiedenen Staatsgebieten anzuerkennen ist, so lassen sich die Ermittelungen, welche für die vorausgesetzte Vereinbarung geeignet erscheinen, auf zwei gesonderte Gruppen beschränken, welche den Gegenständen nach sich gegenseitig ergänzen, für die Erhebung aber bestimmt zu unterscheiden sind.

Die erste gewichtigere Gruppe umfasst den Zustand der Land- und Forstwirthschaft in Betreff des Verhältnisses der Bodenbenutzung und des Anbaues der Hauptfrüchte, so wie des durchschnittlichen Betrages der letzteren und des Waldbestandes, ferner in Betreff des Viehstandes und der daraus folgenden durchschnittlichen Nutzungen, endlich in Betreff der Zahl und Grösse der bestehenden Landwirthschaften und der Klassen der landwirthschaftlichen Bevölkerung, namentlich in Rücksicht auf die vorhandenen Arbeitskräfte.

Die zweite Gruppe betrifft Angaben über den Ausfall der Jahresernte, die Marktpreise, die Ein- und Ausfuhr an land- und forstwirthschaftlichen Produkten und die Höhe der Transportkosten, ferner Angaben über die Tagelohnsätze, die Kosten des Kredites, die Besitzbewegung in freiwilligen und unfreiwilligen Verkäufen und die Kauf- und Pachtpreise der Güter.

Die verschiedenartigen Glieder dieser beiden Gruppen sind durch die Natur der Sache so untereinander verknüpft, dass keines derselben völlig unberücksichtigt gelassen werden kann, ohne in ihren gegenseitigen Beziehungen eine fühlbare Lücke zu öffnen.

Der Durchschnittsertrag der Haupterzeugnisse, also die unter gewöhnlichen Verhältnissen zu erwartende Produktion, lässt sich nicht ohne die Feststellung der Kulturarten und des Anbaues ermessen, und ihre Verhältnisse, zusammengehalten mit dem Viehstande und mit Zahl und Klassen der ländlichen Wirthschaften und ihrer Bevölkerung, ergeben erst ein Bild von den dauernden Grundlagen, auf denen die vorhandene Entwickelung der Land- und Forstwirthschaft beruht.

Es stellen sich daraus die nothwendigen Züge einer Zustandsschilderung zusammen, von der man mit dem statistischen Congresse anerkennen darf, dass wenn ihre Ermittelung und Darstellung zu einem bestimmten Zeitpunkte stattgefunden, ein dringendes Bedürfniss der Wiederholung erst nach einer längeren Periode wieder eintritt.

Dem gegenüber zeigt die andere Gruppe das Verhältniss der laufenden Ernte, Absatz und Preis der Produkte und die Aufwendungen des Handels, die Kosten der Arbeit und des Krediles, sowie die in der Güterbewegung und in den Kauf- und Pachtpreisen sich aussprechende Conjunktur.

Während die erstgedachten Ermittelungen ihr wesentliches Ziel in den Verhältnissen von dauerndem Charakter haben, umfassen demnach die letztgenannten eine Reihe von Beobachtungen, die wegen der schnellen Veränderung an ihrem Gegenstande, ihre Hauptbedeutung in dem Nachweise des Wechsels besitzen, und welche vorzugsweise für die Gegenwart werthvoll werden.

Für Erstere ist zugleich die Feststellung nach ihrer gesammten geographischen Verbreitung nothwendige Forderung. Bei Letzteren liegt zum Theil mehr Gewicht auf der Folge der Veränderungen an demselben Object, aus denen analoge Schlüsse möglich werden, so dass nöthigenfalls eine Beschränkung auf einzelne Beobachtungsorte zulässig wird.

Diesem Gegensatze nach würde also für den Kreis der dauernden Zustände der Agrar- und Forstverhältnisse zweckmässig erscheinen, die Ermittelung nach den Vorschlägen des internationalen statistischen Congresses nur jedes 10. Jahr vorzunehmen, wobei für alle betheiligte Staaten diese Periode so zu legen wäre, dass die Erhebungsjahre womöglich gleichzeitig fallen. Es würde sich daraus für jeden betheiligten Staat ein grosses periodisches agrar- und forststatistisches Zählungs- und Enquêtewerk ergeben, welches sich auf die sämmtlichen dahin gehörigen Fragen beziehen, der Bedeutung der Sache wegen auch eine besondere Organisation von Zählungs- und Schätzungs-Commissionen, oder Behörden erlauben, auch gestatten würde, die Grundlagen für die Fragebeantwortung in der wünschenswerthen Spezialisirung durch alle Bezirke des Landes mit der nöthigen Gleichmässigkeit zu beschaffen und schliesslich zu übersichtlichen, der Vereinbarung entsprechenden Zusammenstellungen zu verarbeiten. Die Mühwaltungen und Kosten würden durch die ersichtliche Erheblichkeit und den volkswirthschaftlichen Werth des Unternehmens Ersatz finden.

Die Ermittelungen der zweiten Gruppe dagegen müssen theils fortlaufend, monatlich, vierteljährlich, theils mindestens jährlich gesammelt und ebenso mindestens einmal jährlich in international vergleichbarer Form veröffentlicht werden. Sie erlauben aber sehr viel einfachere Wege der Erhebung und der Zusammenstellung. Theils ergeben sich die Nachrichten aus dem für andere Zwecke nothwendigen amtlichen Geschäftsbetriebe, wie dem des Zollwesens, der Börsenvorstände und der Marktpolizei, der Domänen- und Kommunalgüterverwaltung; theils handelt es sich mehr um Beispiele und um Erkundigungen in einzelnen Oertlichkeiten; theils endlich können umfangreichere Ermittelungen, wie über den Ernteausfall, wenigstens durch leicht zu handhabende Nachfragen und eine wenig mühevolle Zusammenstellung erreicht werden. Jedenfalls brauchen diese jährlich oder häufiger zu veröffentlichenden Ermittelungen nicht den Charakter eines umfangreichen statistischen Werkes, sondern nur den einer Berichterstattung anzunehmen, deren Bearbeitung keine andere als die im allgemeinen Dienst beschäftigten Arbeitskräfte in Anspruch nimmt, und deren Veröffentlichung einem Organ für amtliche Mittheilungen oder einem privaten Tagesblatte überwiesen, oder, wie in mehreren Staaten üblich, in einen Jahresbericht der land- und forstwirthschaftlichen Centralbehörde zusammengefasst werden kann.

Die genauere Erörterung der Gegenstände und der Erhebungsweise der einzelnen für die internationale Vereinbarung in Vorschlag gebrachten Ermittelungen hat etwas Missliches und Gewagtes. Sie ist nicht unmittelbar vom Thema gefordert, und es liegt nahe, dass wenn eine solche Vereinbarung versucht werden sollte, dies nur durch eine internationale Kommission von Bevollmächtigten geschehen kann, welche nicht allein auf dem Gebiete der Agrar- und Forststatistik vollkommen sachkundig, sondern auch mit genauer Kenntniss der örtlichen Verhältnisse und Bedürfnisse ausgerüstet, die Vorschläge im einzelnen sehr viel sicherer und richtiger zu machen im Stande sein würden, als dies aus einer Hand und ohne die Durchführung sehr umfassender Vorarbeiten möglich ist. Voraussichtlich würden die Regierungen diese Verhandlungen in nähere Verbindung mit der oben gedachten permanenten Commission des internationalen statistischen Congresses zu setzen geneigt sein.

Immerhin aber darf die vorliegende Besprechung die Spezialisirung der Vorschläge, obwohl sie nur als eine beispielsweise gelten kann, nicht unterlassen, weil vor Allem bewiesen werden muss, dass die Vorschläge in der That ausführbar sind und die Empfehlung des Congresses rechtfertigen.

In diesem Sinne lassen sich über die einzelnen, oben nur übersichtlich zusammengefassten Gegenstände der Erhebung, und zwar zunächst über die der gedachten ersten Gruppe die nachfolgenden Bemerkungen machen.

1. **Anschlag über die Flächenverhältnisse der allgemeinen Arten land- und forstwirthschaftlicher Bodenbenutzung (Kulturarten).**

Die Art der Erhebung dieser ersten Grundlage für die weitere Beurtheilung der Kulturverhältnisse wird in allen Ländern fast ohne Ausnahme auf überschlägliche Angaben Lokalkundiger gegründet werden müssen.

Wo ein Kataster vorhanden ist, kann dasselbe selbstverständlich sehr willkommenen Anhalt für solche Ueberschläge bieten. Aber nur ausnahmsweise und zufällig wird dasselbe dem vorliegenden Zwecke ausreichend dienen können. Die meisten bestehenden Kataster sind schon vor mehreren Decennien begonnen und haben die Flächenverhältnisse der verschiedenen Kulturarten nur so verzeichnet, wie sie sie zur Zeit der Vermessung vorfanden. Die überwiegende Zahl der Kataster hat spätere Veränderungen nur insoweit nachgetragen, als sie auf die Grundsteuererhebung Einfluss hatten. Die sogenannte Fortschreibung ist desshalb nur zufällig auch auf Veränderungen in den Kulturarten gerichtet, und lässt solche in der Regel gar nicht, oder mindestens nicht durchgängig erkennen.

Der Stand der Gegenwart bezüglich der Kulturarten weicht also sehr erheblich von der Verzeichnung im Kataster ab, und es würde schon innerhalb desselben Staates meist ganz unmöglich sein, von Periode zu Periode den Fortschritt der Veränderungen von Forst in Acker, von Acker in Wiese, von Unland oder Hutung in Forst, zu verfolgen, wenn für die Angaben nur das Kataster benutzt werden sollte. Noch weniger aber ist aus den Katastern verschiedener Länder ohne Dazwischentreten einer besonderen Veranschlagung ein vergleichbares Resultat zu erlangen. Für den vorliegenden Zweck ist die Unterscheidung der Kulturarten allerdings auf eine sehr geringe Zahl zu beschränken, und in den meisten Katastern werden die allgemeinen Unterscheidungen von Acker, Gärten, Wiesen, Weiden, Forsten, Gewässern und sonstigem Lande gemacht. Dieselben haben aber keineswegs übereinstimmende Bedeutung und Abgrenzung, vielmehr hat die Unbestimmtheit dieser weiten Begriffe in jeder Katasterinstruktion besondere Definitionen erfordert, die je nach den üblichen Anschauungs- und Wirthschaftsweisen in den verschiedenen Ländern sehr abweichend sind.

Die Erhebungsmethode für die Art der Bodenbenutzung wird also für katastrirte, wie nicht katastrirte Länder nicht wesentlich abweichen können. Zwischen beiden wird nur ein voraussichtlich sehr erheblicher Unterschied in der Genauigkeit der Feststellung entstehen, ein Unterschied der unvermeidlich durch die genauere oder ungenauere Feststellung der gesammten Flächenverhältnisse bedingt ist, welcher indess die Ausführbarkeit der Erhebung auch unter sehr ungünstigen Verhältnissen nicht in Frage stellt.

In jedem Lande wird es nothwendig werden, zunächst die Abgrenzung der Bezirke festzustellen, für deren jeden das Verhältniss der verschiedenen Arten der Bodenbenutzung abgesondert ermittelt werden soll. Wo Katastervermessungen and genügend intelligente Hülfskräfte der Erhebung vorhanden sind, können diese Bezirke klein, sogar mit der politischen Gemeinde oder der sogenannten Katastergemeinde übereinstimmend angenommen werden. Je mehr solche Mittel fehlen, desto grösser werden die Bezirke sein müssen; indess wird sich empfehlen, dafür grössere politische Verwaltungsbezirke von 10 bis höchstens 50 ☐Meilen Fläche als Maximum festzuhalten.

Der Flächeninhalt dieser Bezirke lässt sich nöthigenfalls mit Hülfe der Gradeintheilung aus einer Generalkarte ebenso berechnen, wie dies vor den Spezialkartirungen überall auf den Plankammern der topographischen Behörden geschehen musste, und jetzt durch den Amsler Laffon'schen Polarplanimeter ausserordentlich vereinfacht ist.

Für jeden Bezirk empfiehlt der statistische Congress mit Recht das Zusammentreten einiger lokalkundiger Privaten oder Beamten als eine Erhebungskommission. Dieselben würden auf Grund aller vorhandenen Hülfsmittel, also z. B. des Katasters, oder bekannter Flur- oder Forstvermessungen, eventuell nach Erkundigungen und nach ihrer Lokalkenntniss, indem sie namentlich die Flächen des Garten-, Acker- und Wiesenareals nach den einzelnen Ortschaften und Gütern genauer überschlagen, nach bestem Ermessen anzugeben haben, wie sich die Fläche des Bezirkes auf die einzelnen Kulturarten vertheilt. Das Zutreffen dieser Angaben wird nothwendig sehr ungleich sein. Indess da, wo wegen des Werthes der Grundstücke und der Entwickelung der Kultur Genauigkeit grössere Wichtigkeit hat, werden die Hülfsmittel nicht fehlen, um sichere Feststellungen zu erreichen Wo dagegen solche Hülfsmittel mangeln, werden die Veranschlagungen sehr unsicher sein, aber gleichwohl keineswegs geringen Werth, weder für die Regierung des betreffenden Landes, noch für die allgemeine Vergleichung haben, denn sie werden jedenfalls die möglichst beste Nachricht enthalten, die unter den obwaltenden Umständen von den Kulturverhältnissen des betreffenden Territoriums gegeben werden kann. Auch unter den ungünstigsten Verhältnissen würde erreicht werden, völlig unbestimmte Vorstellungen oder weitaus fehlerhafte Behauptungen in einigermassen annähernde Grenzen einzuschränken.

Die Vergleichbarkeit der aus den verschiedenen Ländern eingehenden Resultate wird der verschiedene Grad der Genauigkeit so wenig stören, als wir uns scheuen, die Einwohnerzahlen der verschiedenen Theile der Erde trotz ihrer durchaus verschiedenen Zuverlässigkeit zu vergleichen. Dagegen ist allerdings die Voraussetzung unerlässlich, dass die Zahlenangaben dem Gegenstande nach eine ähnliche Bestimmtheit besitzen, wie sie der Einwohnerzahl durch die sichere Einheit der zu zählenden Personen inne wohnt.

Hier erweist sich überzeugend die Abhängigkeit vergleichbarer Resultate von der in Aussicht genommenen internationalen Vereinbarung Nur wenn die erfragten Unterscheidungen der Bodenbenutzung überall übereinstimmen und in der That von allen betheiligten Organen der Ermittelung ganz gleich aufgefasst werden, kann die Vergleichbarkeit entstehen.

Dies aber ist allein auf Grund internationaler Vereinbarung denkbar und möglich. Dieselbe soll den einzelnen Staat bezüglich seiner Erhebungen nicht weiter einschränken, als dass aus dem Ergebniss derselben sich eine kleine Zahl bestimmter Unterscheidungen mit Sicherheit aussondern lasse. Auch ist es für eine internationale Kommission voraussichtlich durchaus nicht schwierig, über diese bestimmten Unterscheidungen schlüssig zu werden und sie scharf auszudrücken; aber ein solcher Beschluss muss international gefasst, und eine feste allgemein verbindliche Formulirung muss gewonnen werden, wenn der vorschwebende Zweck in Wirklichkeit erreicht werden soll.

Bei der Wahl der anzunehmenden Unterscheidungen werden zweckmässige Rücksichten auf die Vergleichbarkeit bereits vorhandener Ermittelungen genommen, und Erfahrungen aus den bisherigen Bestrebungen nach dieser Richtung zur Geltung gebracht werden können.

Als Beispiel lassen sich folgende elf Unterscheidungen in Vorschlag bringen:

a. Hausstellen, Höfe und Wege (Haus- und Wegland).
b. Gartenmässig mit der Hand bestellte Gärten und Aecker (Gärten).
c. Feldmässig mit Gespann bestellte Aecker und im Wechsel angebautes, nicht dauerndes, Gras- und Teichland (Aecker).
d. Weingärten überwiegend zu Weinbau genützt (Weingärten).
e. Obstgärten überwiegend zu Baumfrüchten aller Art genützt, auch Oelbaum- und Maulbeerpflanzungen (Obstgärten).
f. Mähwürdige dauernde Wiesen und Weideländereien, auch Stauwiesen (Wiesen).
g. Nicht mähwürdige, nur zur Weide nutzbare, dauernde Grasländereien (Hutungen).
h. Ueberwiegend mit Holz bestandene Waldländereien, Schonungen, Holzungen und Parke, auch im Wechsel beackerte Waldländereien (Holzungen).
i. Land- und forstwirthschaftlich unbenutztes aber brauchbares Land (Oedland).
k. Land- und forstwirthschaftlich unbrauchbares Land (Unland).
l. Gewässer aller Art, mit Ausnahme der im Wechsel beackerten Teiche und Stauwiesen (Gewässer).

Die Eintheilung der französischen Enquête von 1862 ist im Anhange V. Part. I.VIII. und 4,1 mitgetheilt. In einem katastrirten Gebiete, für welches das Kataster wenigere oder andere Unterscheidungen als die vereinbarten macht, würden gewisse Katasterklassen zerlegt werden müssen, wo aber in einem Staate eine grössere Zahl Unterscheidungen üblich sind oder zweckdienlich scheinen, würde nur dafür zu sorgen sein, dass sie sich in die Zahl der vereinbarten einordnen lassen.

2. **Anschlag über die Flächenverhältnisse des Anbaues der wichtigeren Fruchtarten.**

Es ist unzweifelhaft eine der wichtigsten und immer wiederholten agrarstatistischen Forderungen, zu wissen, welche Fläche in einem Lande den hauptsächlichsten Fruchtgattungen annähernd gewidmet wird. Dennoch bleibt auch darin die Statistik sehr vieler, und vielfach gerade sehr entwickelter Länder die Antwort völlig schuldig. Auf den Grund ist schon hingewiesen, er liegt darin, dass man sich eben so schwer zu umfassenden Arbeiten, welche die völlig genaue Feststellung ermöglichen, als zu weniger umfassenden entschliesst, von denen man nach der Lage der Verhältnisse hinreichend befriedigende Ergebnisse nicht erwartet.

In der That lässt sich da, wo innerhalb der einzelnen Gemeinde in einem gewissen Kreise von Wirthen, Gemeinde- und anderen Lokalbeamten, von Pfarrern und Lehrern, intelligente und bereitwillige Kräfte für die Ausführung zu finden sind, die Anbauermittelung sehr wohl bis zu grosser Sicherheit entwickeln. Auch ist möglich, diese Erhebung nicht blos ohne Belästigung des landwirthschaftlichen Publikums zu veranstalten, sondern im Gegentheil dessen lebendiges Interesse für sie anzuregen, und in ihr für die Betheiligten wie für die Staatsverwaltung eine reiche Quelle der Belehrung und ein Mittel aufmerksamer Beobachtung und wirthschaftlicher Förderung zu schaffen.

Im Anhange VI ist ein Erhebungsformular für den Anbau im Grossherzogthum Baden mit der zugehörigen Instruktion wiedergegeben, welches dort schon seit einer Reihe von Jahren zu jährlicher Erhebung des Anbaues der verschiedenen Feldfrüchte im praktischen Gebrauche ist, und nach mehrfach angestellten eingehenden Prüfungen zu sehr günstigen Resultaten führt, obwohl die Verhältnisse Badens wegen seines verschiedenartigen Anbaues und der jährlich auf zahlreichen Aeckern genommenen doppelten Ernten ungleich schwieriger als durchschnittlich in anderen Landstrichen sind.

Es hat sich bei der Benutzung dieses Formulars und bei ganz ähnlich durchgeführten Anbauaufnahmen in Württemberg und in Hessen die Richtigkeit des Prinzipes erwiesen, dass die Ausführlichkeit und Vollständigkeit der Fragestellung die Beantwortung nicht erschwert, sondern erleichtert, sofern es überhaupt in Absicht liegt, mehr als allgemeine, unsicher gegriffene Pauschzahlen zu erlangen.

Auch hat es nicht zu Schwierigkeiten geführt, das nicht blos die Hauptfrüchte, sondern, wie das Formular zeigt, fast ohne Ausnahme jede selbstständig eine gewisse Fläche einnehmende Pflanzenart zur Verzeichnung kommen. Nur solche Pflanzen, welche gartenmässig untermischt besondere Flächenangaben nicht zulassen, werden unter eine gemeinschaftliche Angabe zusammengefasst. Es ist dabei ganz unzweifelhaft, dass die Flächenangaben für die oft auf vereinzelte Beete beschränkten Handelspflanzen im Mass nicht selten mit der Wirklichkeit wenig übereinstimmen werden. Bei allen diesen Pflanzen kommt es aber mehr darauf an, zu erfahren, wo sie überhaupt kultivirt werden, und ob ihre Kultur sich weiter verbreitet oder erlischt. Bei den Hauptackerfrüchten dagegen, wo das Verhältniss der producirenden Flächen im Grossen wichtig wird, wird jedem grösseren und bedenklichen Fehler durch die Anforderung vorgebeugt, die bekannte Fläche des gesammten Anbaulandes auf die verschiedenen Früchte vollständig zu vertheilen. Die Beobachtung hat gezeigt, dass durch diese Anforderung viel wahrscheinlicher Fehler bemerkt und berichtigt, als leichtsinnige Aufstellungen lediglich stimmender Zahlen hervorgerufen werden.

Aus diesen Gesichtspunkten und auf Grund dieser Erfahrungen hat auch die Deutsche Kommission für die weitere Ausbildung der Statistik des Zollvereins dem Bundes-Rathe des Deutschen Reiches ähnliche Vorschläge für die übereinstimmende Ermittelung der landwirthschaftlichen Bodenbenutzung vorgelegt, indem sie hofft, dass die Ausführung der Erhebung in keinem Theile von Deutschland Anstände finden werde, weil da, wo in den Landgemeinden weniger auf intelligente Hülfskräfte zu rechnen ist, die Verhältnisse des Anbaues so viel einfacher liegen, dass die Ausfüllung des Formulars verhältnissmässig leichter, und die Wahrscheinlichkeit nachtheiliger, das Gesammtbild störender Fehler nicht grösser wird

Wenn es aber darauf ankommt zu entscheiden, welche Art der Ermittelung der Anbauverhältnisse zum Gegenstande der internationalen Vereinbarung empfohlen werden soll, so können selbstverständlich so genaue und komplicirte Erhebungsweisen nur insoweit in Betracht gezogen werden, dass diejenigen Staaten, die sie durchführen oder durchführen wollen, darin nicht gehindert oder zu einer doppelten Erhebung veranlasst werden.

Es haben nun zwar viele Staaten, wie Frankreich, dessen Fragestellung im Anhang V. Part. 1. I.—VI. mitgetheilt ist, ebenso Belgien, Oesterreich, Schweden und andre, auch im Wege der Enquête die einzelnen Kulturpflanzen sehr genau unterscheidende Fesstellungen gemacht, und es wäre zweckmässig, die international zu vereinbarende Methode der Anbauerhebung mit diesen bereits üblichen Verfahrungsweisen möglich in Harmonie zu setzen und die Vergleichbarkeit der Resultate zu sichern.

Augenscheinlich können sich aber die international zu vereinbarenden Anforderungen bezüglich der Anbauerhebung nur in sehr beschränkten Grenzen halten.

Zunächst muss bezüglich der anzuwendenden Art der Ermittelung dasselbe gelten, was schon zu 1. bezüglich der Ermittelung der Kulturarten ausgesprochen worden ist. Je nach der Entwickelung der Hülfsmittel werden die Bezirke der Erhebung kleiner und die Feststellung des Anbaues in denselben genauer sein können. Als Minimum aber werden dieselben oder ähnliche Kommissionen, welche die Bodenbenutzung in Bezirken von 10 bis höchstens 50 ☐Meilen Fläche begutachten, sich auch darüber schlüssig zu machen haben, in welchem Verhältnisse sie annehmen, dass die Fläche von Garten und Ackerland, die (s. oben zu b. und c.) in den betreffenden Bezirken als vorhanden berechnet wurde, dem Anbau der hauptsächlichsten Bodenfrüchte eingeräumt ist.

Auch hierbei werden vergleichbare Resultate nicht sowohl von dem der Wirklichkeit mehr oder weniger genäherten Verhältnisse dieses Anschlages, als davon abhängen, dass diese hauptsächlichsten Früchte bestimmt und von Verwechselungen frei bezeichnet werden.

Selbstverständlich müssen die Hauptnahrungsfrüchte für Menschen und Thiere: Weizen, Roggen, Gerste, Hafer, Mais, Reis, Hirse, Buchweizen, Erbsen, Speisebohnen, Futterbohnen, Kartoffeln, Zuckerrüben, Futterrüben, Klee, ebenso an Handelsgewächsen Lein, Hanf, Tabak, Oelsaat, Raps u. a. m. in ihrem ungefähren Anbauverhältnisse angegeben werden. Als Minimum und zum Vorschlage für ein internationales Schema würde sich vielleicht am besten das im Anhang VII. abgedruckte Oesterreichische empfehlen, welches sich bereits durch eine Reihe von Jahren unter den ziemlich verschiedenartigen Verhältnissen der Reichsländer praktisch bewährt hat, und in der gesammten Art seiner Behandlung und Zusammenstellung mancherlei Vortheile bietet. Zum Vergleiche ist in Anhang VIII. auch das Schema des Bayerischen Erntestatistik mitgetheilt, welches von einer bereits im Jahre 1854 niedergesetzten Zollvereinskommission in Vorschlag gebracht, indess nur in Bayern in Anwendung gekommen ist. Jedem Staate wird überlassen bleiben, die geforderten Angaben durch ihm besonders wichtige Fruchtarten zu vermehren. Es dürfte aber Sache der internationalen Kommission sein, auch falls sie deren Zahl nicht mit allgemeiner Verbindlichkeit zu erweitern für gut findet, doch wenigstens über völlig synonyme Bezeichnungen innerhalb des gesammten Kreises der möglicherweise in Betracht kommenden landwirthschaftlich wichtigen Pflanzen sich für die verschiedenen Länder und Sprachen zu verständigen.

3. Anschlag des Erträgnisses einer Durchschnittsernte für die wichtigeren Fruchtarten.

Wenn in einem Lande der wirkliche Ertrag der Ernte jährlich festgestellt wird, wie dies, wie erwähnt, in Baden, Württemberg und Hessen geschieht und im Deutschen Reiche in Aussicht genommen ist*), hat man nicht nöthig Anhaltspunkte in der Veranschlagung einer Durchschnittsernte zu suchen. Wo aber Ermittelungen des Ernteertrages nur periodisch und ohne die Hülfsmittel genauen Eingehens in die speciellen Verhältnisse des örtlichen Anbaues vorgenommen werden sollen, ist kein zweckmässigerer Weg offen, als durch Sachkundige den Durchschnittsertrag einer mittlen Ernte begutachten zu lassen. Es wird dadurch ein annäherndes Urtheil über die Produktionsfähigkeit des Landes erlangt, und es lässt sich daran eine ziemlich einfache Berichterstattung über den Ertrag der Jahresernte knüpfen. Sie kann durch ein mehr oder we-

---

*) Bayern hat die Ernteergebnisse bereits 1871 nach den Vorschlägen der betreffenden Commission ermittelt. Zeitsch. des begr. stat. Bureaux. Jahrg. IV 1872 S. 44.

niger bestimmt in Worten oder zahlenmässig ausgedrücktes Urtheil darüber erreicht werden, in welchem Verhältniss die erwartete oder bereits bekannte Ernte in den verschiedenen Fruchtgattungen zu einer durchschnittlichen zu stehen scheint.

Das Urtheil des Sachkundigen oder der sachkundigen Kommission über das Gesammtergebniss einer Durchschnittsernte muss um so unsicherer sein, je unsicherer schon die Ermittelung über die Anbauflächen der betreffenden Fruchtgattungen ist, und die Aufgabe wird nur durch zahlreiche Erkundigungen und Benutzung jedes Hülfsmittels einigermassen genügend gelöst werden können.

Sie wird wesentlich erleichtert, wenn eine Unterscheidung zwischen den intelligenter und weniger intelligent bewirthschafteten Theilen des Bezirkes, zwischen den bäuerlichen Feldfluren und den grossen Gutswirthschaften, zwischen Abschnitten, in welche neuere Wirthschaftssysteme eingedrungen sind, und denen gemacht wird, in denen noch die alt hergebrachten, in ihrem Erfolge leichter zu beurtheilenden Fruchtfolgen bestehen.

Ebenso ist das Auseinanderhalten der fruchtbareren und unfruchtbareren Landstriche erforderlich.

Mit grossem Vortheil würde überhaupt in der gesammten landwirthschaftlichen Statistik eine gleichbleibende Unterscheidung nach besonders fruchtbarer, mittler und geringer Bodenbeschaffenheit, und nach Gebirge, Hügelland und Ebene durchgeführt werden können, wie dies z. B. in der württembergischen und der österreichischen Agrarstatistik bereits seit einer Reihe von Jahren geschieht, und auch in Bayern versucht wird. Aber es kann daneben das Innehalten der Grenzen der politischen Eintheilung, auf welche sich zahlreiche andere Thatsachen der Statistik beziehen, nicht aufgegeben werden, und es liegt deshalb weniger nahe, dies zum Gegenstande internationaler Verständigung zu machen. Für den Anschlag der Erträge aber wird der Begutachter nicht wohl entbehren können, sich für seinen Schätzungsbezirk ein allgemeines Bild dieser Verschiedenheiten zu vergegenwärtigen.

Im Uebrigen ist die Aufgabe der internationalen Verständigung schon dadurch bezeichnet, dass dieselben Früchte, welche als ein Minimum für die Anbauermittelung festgestellt werden, nothwendig auch als Minimum der Angaben über den durchschnittlichen Ertrag in mittlen Jahren gelten müssen. Diese Angaben können zwar nach landesüblichen Flächen und Gewichten oder Massen gemacht werden, bedürfen schliesslich aber einer gleichmässigen Reduktion auf Hektaren und Kilogramm.

Dabei wird auch thunlich sein, die nach 1. nicht in die Anbauermittelung einbegriffenen Kulturarten der Weingärten und der Obstgärten und sonstigen Baumfrüchte, sowie der mähwürdigen Wiesen und Weiden, und möglicherweise auch die sonstigen Hutungen zu einer überschläglichen Schätzung heranzuziehen, wie viel durchschnittlich in mittleren Jahren von ihnen im Bezirke an Erntemasse zu rechnen sei.

Ebenso kann es Sache der Uebereinkunft werden, ob überall neben Gewicht oder Mass auch der Werth in Geld anzuschlagen ist, wofür der Durchschnittspreis der letzten 10 Jahre geltend werden müsste.

4. **Anschlag über die Flächenverhältnisse der verschiedenen Waldarten und über den Holzbestand.**

Die Klagen über unsere Unkenntniss auf dem Gebiete der Forststatistik sind so allgemein und anerkannt, dass es nicht nöthig ist, ihnen hier erneuten Ausdruck zu geben. Niemand wird verlangen, dass für diesen Zweck die verschiedenen Länder Forstvermessungen und Forsttaxationen unterworfen werden sollen. Solche Veranschlagungen sind aber für den überwiegenden Theil wenigstens der Staatsforsten aller Kulturstaaten vorhanden, und werden ihrer wirthschaftlichen Unentbehrlichkeit wegen eifrig erneut und immer weiter ausgebreitet. Es kommt also nur darauf an, ihre Ergebnisse zusammenzutragen, und die Lücken, die für Privat- und Gemeindeforsten vielfach bestehen, in einer einfachen, den allgemeinsten Anforderungen genügenden Weise zu ergänzen. Auch hier ist bis jetzt in viel höherem Masse das Beste des Guten Feind gewesen, als dass die Unmöglichkeit vorgelegen hätte, ohne übermässige Anstrengungen zum wünschenswerthen Ziele zu gelangen.

Allerdings ist die Beurtheilung eines Waldbestandes niemanden anderen als einem erfahrenen und vorgebildeten Forstmanne zuzutrauen, und die Zahl der Kräfte, auf die sich forstliche Erhebungen stützen können, ist deshalb eine ungleich geringere, als die, welche für landwirthschaftliche zu Gebote steht. Aber der Nutzen einer forstlichen Prüfung durch einen Fachmann ist auch, von dem statistischen Zwecke ganz abgesehen, ein ungleich grösserer, weil dieselbe nicht umhin kann, unmittelbar auf die wirthschaftliche Einsicht und Betriebsgestaltung fördernd einzuwirken.

Offenbar wird auch hier dass Maass der Genauigkeit dem Maasse der wirthschaftlichen Entwickelung entsprechen. Es ist unmöglich das Minimum der Ansprüche irgend hoch zu spannen.

Wenn schon in den zu 1 angenommenen Bezirken vom Umfange bis höchstens 50 ☐Meilen das ungefähre Maass der dem Holz überlassenen Fläche nur überschläglich ermittelt ist, so wird auch von einem Forstmann, dem die näheren forstlichen Angaben für diesen Bezirk aufgetragen werden, nicht mehr gefordert werden können, als dass er sich im Mangel anderer Mittel durch Augenschein und durch Erkundigungen ein ungefähres Bild verschafft, welcher Bruchtheil dieser Fläche unter eine gewisse wirthschaftliche Kultur genommen, welcher sich selbst überlassen ist. Aehnlich wird er die allgemeinen Verhältnisszahlen schätzen können, welche Baumarten und Wirthschaftsweise in ersterem sich finden, und welche Hauptverschiedenheiten letzterer zeigt, welche Flächen und welche Bestände endlich für die sich ergebenden Unterscheidungen überschläglich anzunehmen sind, und was sich nach dem forstlichen Eindruck der Waldungen daraus für durchschnittlich vorhandene Holzmassen vermuthen lassen.

Wo nur die Lücken zwischen den vermessenen oder taxirten Forsten auszufüllen sind, werden auch die Anhaltspunkte und die Vergleiche nicht fehlen, um eine hinreichende Genauigkeit der Anschläge zu ermöglichen. Jemehr aber in schwächer kultivirten Gebieten solche Hülfsmittel fehlen, desto weniger wird es auch auf die Fehlergrösse ankommen, es wird schon sehr dankenswerth sein, wenn nur eine forstliche Beschreibung entsteht, die die ärgsten Irrthümer über die Zustände des betreffenden Bezirkes ausschliesst. Wenn aber der begutachtende Forstmann gezwungen wird, dieses Bild statt in den unbestimmten Grenzen der beschreibenden Schilderungen, durch den festen Ausdruck einer Verhältnisszahl zu zeichnen, die für die geforderte internationale Vergleichbarkeit nicht entbehrt werden kann, so muss die Schärfe seiner Beobachtung und Ueberlegung dadurch unzweifelhaft gewinnen; der Kundige, der die internationale Statistik handhabt, wird aber sehr wohl wissen, dass der Werth dieser Zahlen nur der eines ganz allgemeinen, vielen Zweifeln ausgesetzten überschläglichen Urtheils des zur Zeit am meisten Sachverständigen ist.

Die internationale Vereinbarung würde sich nicht allein auf die Unterscheidungen der Waldbäume, Waldwirthschaftsarten und die nähere Bestimmung der Weise des Holzauschlages, sondern auch auf die gleichmässige Auffassung der forstlichen Terminologie zu beziehen haben. Darüber werden sich Forstleute verschiedener Staaten leicht verständigen.

Die allgemein vorzunehmende Ermittelung dürfte beispielsweise darauf beschränkt werden können, anzugeben, welche Flächen und welche Holzmassen sich in jedem der betreffenden Bezirke annehmen lassen:

an Weidenwerder,
an Lohhecken,
an Laubholz und zwar: in regelmässiger Wirthschaft als Niederwald oder als Hochwald (einschliesslich Mittelwald),
und in unregelmässiger Wirthschaft,
an Nadelholz in regelmässiger Wirthschaft,
und ohne solche,
endlich an Buschwerk und Blössen.

Edle besonders werthvolle Hölzer in Beständen oder eingemischt würden besonders vermerkt werden können.

Die Fragestellung der Französischen Enquête ist im Anhange V. Part. I.VII. mitgetheilt.

5. Zählung des Viehstandes und Anschlag der jährlichen Erzeugnisse desselben.

Eine, wenn auch nicht von Haus zu Haus, so doch gemeindeweise angenommene periodische Zählung des Viehes, beschränkt auf die einfachsten Unterscheidungen, Pferde, Maulthiere und Esel, Ochsen und Stiere, Kühe,

Schafe, Ziegen und Schweine, hat sich mehr und mehr in allen Staaten als ausführbar erwiesen, und es ist gut, wenn dieselbe Gegenstand der internationalen Vereinbarung wird, damit theils die wenigen noch bestehenden Lücken ausgefüllt, theils gleichmässige Perioden eingehalten, vor allem aber für die Zählung ein Zeitpunkt im Jahre festgestellt wird, der die allgemeine Vergleichbarkeit am besten verbürgt.

Ueberall hat der Viehstand ein Maximum und ein Minimum im Laufe des Jahres. Das Maximum tritt ein, wenn das Jungvieh bereits überwiegend geboren, das alte auszurangirende Vieh aber noch nicht consumirt oder durch den Handel fortgeschafft ist. Das Minimum tritt im Winter oder zur Zeit des geringsten Futterzuwachses ein, wenn jeder Wirth bestrebt ist, seinen Viehstand auf die nöthigsten Nutz- und Zuchtviehstücke zu beschränken. Ein Schluss aus dem Minimum auf das Maximum, oder umgekehrt, ist nur dem sehr Lokalkundigen möglich. Die allgemeine Zusammenstellung der Viehzahlen gestattet ihn nicht, selbst wenn durch Altersklassen des Rindviehes und der Pferde dafür etwas genauerer Anhalt geboten wird. Auch lässt ebenso wenig ein mittlerer Termin eine Schätzung beider Extreme zu. Gleichwohl aber würde nur die Differenz zwischen dem Maximum und dem Minimum annähernd die Grösse der dem Consum dargebotenen Produktion beurtheilen lassen.

Es lässt sich nicht läugnen, dass wegen des Mangels einer Feststellung der Produktion der Nutzen der bisherigen Viehzählungen ziemlich weit hinter dem Erreichbaren zurückbleibt. Die Frage, was der gezählte Viehstand eigentlich für den Volkswohlstand bedeutet, und ob die Thiere nicht mehr kosten als einbringen, bleibt unberührt. Nur wenige Staaten haben, wie Frankreich in den im Anhange V. Part. 2.III. mitgetheilten Enquêtefragen, das Verdienst in ihrer Agrarstatistik auf die Vieherträge und namentlich auf die wichtige Frage des Fleischconsumes näher einzugehen.

Im Mangel anderweiter Feststellung der Consumtion wäre die Zählung des Maximums, welche leichter einen Rückschluss auf der Höhe der Consumtion gestattet, vorzuziehen; es stehen ihr aber darin Schwierigkeiten entgegen, dass sie allgemein in eine Zeit fällt, in der die Landwirthe durch die beginnende Ernte beschäftigt sind, auch haben die Thiern dann vielfach einen anderen Standort als im Hofe des Eigenthümers. Wenn deshalb Sorge getragen ist, einen hinreichend genauen Anschlag der durchschnittlichen Jahres-Produktion bei einer bestimmten Zahl Stammvieh zu erlangen, aber auch nur dann, empfiehlt sich die Zählung des Minimums, als die bei weitem leichtere.

Der Anschlag der Jahresproduktion lässt zugleich die Feststellung der Altersklassen des Jungviehes entbehrlicher erscheinen, welche in den meisten Staaten, bei der Viehzählung zu erfragen, üblich geworden ist. Der Produktions-Anschlag wird am einfachsten dadurch gewonnen werden, dass dieselben Kommissare oder Beamten, welche für grössere oder kleinere Bezirke die vorhandene Viehzahl zu ermitteln haben, zugleich zu geeigneten Erkundigungen und Berechnungen angewiesen werden, wie hoch nach dem Ermessen sachkundiger

Landwirthe der Abgang durch Schlachten oder Sterben, und wie hoch der Zuwachs an Jungvieh im Jahre von dem gezählten Vieh anzunehmen, sowie wie viel und in welchem Alter von diesem Jungvieh am Orte geschlachtet wird. Kauf und Verkauf lassen sich aus dem Gesammtergebniss beurtheilen.

Als Fragstellung würde also beispielsweise folgende gelten können:
1. **Pferde.** Gezählt Mitte Januar an Pferden,
    an Füllen.
    Zuwachs im Jahr an Füllen.
    Abgang im Jahr an Pferden durch Absterben oder Schlachten.
2. **Maulthiere und Esel.** Gezählt.
    Zuwachs im Jahr durch Füllen.
    Abgang im Jahr durch Sterben oder Schlachten.
3. **Rindvieh.** Gezählt an Ochsen und Stieren,
    an Kühen,
    an Jungvieh und Kälbern.
    Zuwachs im Jahr an Kälbern.
    Geschlachtet oder gestorben im Jahr an Alt-Vieh (einschl. Jungvieh) nach Zahl und Lebendgewicht,
        an Kälbern nach Zahl und Lebendgewicht.
    Durchschnittlicher Milchertrag der Kuh im Jahr.
4. **Ziegen.** Gezählt zusammen.
    Zuwachs im Jahr an Ziegenlämmern.
    Geschlachtet oder gestorben (an Ziegen und Ziegenlämmern) nach Zahl und Lebendgewicht.
5. **Schafe.** Gezählt zusammen.
    Zuwachs im Jahr an Lämmern.
    Geschlachtet oder gestorben nach Zahl und Lebendgewicht.
    Wollertrag an feiner, mittel und grober Wolle.
6. **Schweine.** Gezählt zusammen.
    Zuwachs im Jahr an Ferkeln.
    Geschlachtet oder gestorben nach Zahl und Lebendgewicht.
7. Zahl der Bienenstöcke.
8. Gewonnenes Gewicht an Seidenkokons.

    6. **Nachweisung über Zahl und Grösse der Landwirthschaften und Zahl und Klassen der landwirthschaftlichen Bevölkerung.**

Es ist eine der auffallendsten Lücken in der Agrarstatistik, dass in den meisten unserer Kulturstaaten weder die Zahl und Grösse der Landwirthschaften, noch die Zahl der Landwirthe und der durch sie beschäftigten Arbeiter bekannt ist. Es giebt darüber mancherlei Nachrichten, aber die meisten sind unvollständige Bruchstücke, und viele führen nachgewiesenermassen zu groben Irrthümern. Dies ist selbst da der Fall, wo specielle Katastrirungen jedes einzelne Besitzstück verzeichnet haben, und wo die Volkszählungen nach den vorgeschrittensten Methoden vorgenommen werden.

Bezüglich der Zahl und Grösse der Landwirthschaften liegen die Gründe dieses Mangels darin, dass die Kataster überhaupt nicht den Zweck haben, die Grenzen der Wirthschaft, sondern nur die des Eigenthums aufzusuchen, und dass sie auch das Eigenthum derselben Person höchstens innerhalb einer sogenannten Katastergemeinde zusammenfassen, d. h. eines für die Katastrirungsarbeiten festgestellten, meist mit der politischen Gemeinde zusammenfallenden Bezirkes, der in der Regel weit unter 1000 Hektaren Flächeninhalt zurückbleibt. Der Eigenthümer also, dessen Grundstücke in verschiedenen solchen Katastergemeinden liegen, wird auch ebenso oft als ein zweiter gerechnet, und seine Besitzung als ebenso viele entsprechend kleinere. Nach mancher Katastereinrichtung aber tritt derselbe Umstand sogar in derselben Katastergemeinde ein, wenn die Grundstücke desselben Besitzers später, als die Katastrirung stattfand, aus verschiedenen Händen erworben worden sind, oder wenn sie verschiedene Komplexe bilden, oder aus ähnl. Gründen.

Ob aber die Bewirthschaftung der Grundstücke eines Eigenthümers in einer Hand oder in sehr verschiedenen Händen liegt, ob also Zahl und Umfang der Wirthschaften gross oder klein ist, geht aus den Kataster nirgends hervor, und findet grade deshalb, weil die erwähnten, wenn auch unzureichenden Nachrichten aus dem Kataster geschöpft werden können, keine weitere Berücksichtigung.

Bezüglich der Zahl der Landwirthe und ihrer Arbeiter liegt der Mangel in der Art der Verzeichnung des Berufes bei der Volkszählung.

Es muss bei der Volkszählung selbstredend Jedem überlassen bleiben, denjenigen Beruf zu nennen, den er als seinen hauptsächlichsten betrachtet, oder betrachtet wissen will. Ja, auch wo eingeführt ist, dass neben dem Hauptberuf noch eine etwaige Nebenbeschäftigung notirt werden soll, muss Jedem freistehen, die Angabe zu machen oder nicht, oder dafür die Beschäftigung zu wählen, die er als Nebenbeschäftigung ansieht. Daher kommt es, dass vielfach grosse und kleine Grundeigenthümer nur als Beamte, Offiziere, Landtagsabgeordnete, Geistliche u. ähnl. in den Listen erscheinen, und dass Kaufleute, Fabrikanten und Gewerbtreibende aller Art in der Regel ihre Stellungen als Staats- oder Gemeindebeamte als Nebenbeschäftigung nennen, sich aber nicht als Landwirthe bezeichnen, wenn sie auch nebenbei Eigenthümer von mehr oder weniger erheblichen Landwirthschaften sind. Die daraus folgenden Missverständnisse greifen viel weiter, als man meinen möchte. So ist ausdrücklich im Englischen Parlament zur Sprache gekommen, dass die Zahl von nur 30,766 Grundeigenthümern, welche der englische Census von 1861 für England und Wales zählt, und wonach jeder dieser Grundbesitzer durchschnittlich 1167 Acres Fläche besitzen würde, überall und auch für die Beurtheilung des Parlaments als der Beweis der geringen Vertheilung des Grundeigenthums gegenüber anderen Ländern gebraucht worden ist; dass aber die Vertheilung nach dem Geschlecht ergiebt, wie unter diesen Grundeigenthümern nur 15,131 männliche, dagegen 15,635 weibliche verzeichnet sind. Ein Umstand, der augenscheinlich erweist, dass weitaus die grösste Zahl der männlichen Grundbesitzer ihre Eigenschaft als solche beim Census nicht angegeben hat.

Auch bezüglich der Arbeiter lässt sich die wichtige Frage, ob dieselben nebenbei Grundeigenthum oder Pachtbesitz haben, nicht einmal annähernd entscheiden, da sie nur zufällig zur Beantwortung gebracht ist; überdies aber ist bei dieser Bevölkerungsklasse aus den üblichen Angaben als Tagelöhner, Dienstbote oder ähnlichen allgemeinen Bezeichnungen die wesentliche Unterscheidung nicht zu entnehmen, ob dieselben der ländlichen Arbeit angehören oder nicht.

Alle diese Mängel lassen sich in denjenigen Staaten, in denen die Volkszählungsmethode bis zur Anwendung von Hausstands- oder wenigstens Hauslisten entwickelt ist, und davon giebt es zur Zeit nur noch wenige Ausnahmen, ohne besondere Schwierigkeit beheben, wenn darauf bei der Notirung der Berufsart die nöthige Rücksicht genommen wird. Zunächst lässt sich der Zweck der Unterscheidung der Arbeiterklassen durch die leicht zu befolgende Vorschrift erreichen, dass der Bezeichnung als Arbeiter, Dienstbote, Gehülfe, Tagelöhner jedesmal der Beruf des Dienstherren, die Art der Fabrik, das Handwerk oder die sonstige Thätigkeit beigefügt wird, in welcher der Arbeiter hauptsächlich beschäftigt ist.

Landbesitz und Landbewirthschaftung aber bedürfen bei der Berufsfrage ausdrücklicher abgesonderter Angabe. Dies empfiehlt sich schon desshalb, weil die Landwirthschaft jedem anderen Berufe, mit dem sie als Haupt- oder Nebenbeschäftigung verbunden wird, namentlich aber allen Arbeiterverhältnissen einen durchaus eigenthümlichen und volkswirthschaftlich in hohem Grade wichtigen Charakter ertheilt, und weil es unmöglich ist, die so anerkannt bedeutsame Entwickelung auf diesem Gebiete der gesellschaftlichen Gestaltung mit der Aufmerksamkeit, deren sie werth ist, zu verfolgen, wenn die Notirung so unbestimmt und so irreleitend bleibt, wie sie jetzt ist.

Das Mittel der Abhülfe liegt darin, dass jeder Befragte angewiesen wird, neben seinem Berufe aufzuzeichnen oder anzugeben, zunächst ob er Hauseigenthümer ist, dann wie viel Fläche Grundeigenthum er besitzt, endlich wie viel Fläche eigenen oder gepachteten Bodens er für seine Rechnung selbst oder durch Beamte (also nicht durch Pächter oder Abmiether) bewirthschaftet. Eine Weigerung ist so wenig zu erwarten, wie sie bei anderen Angaben vorkommt, deren Sinn Jedem einleuchtet, und schliesslich ist eine genügende Ergänzung durch die zählende Behörde möglich. Auf eine besondere Genauigkeit der Angabe kommt es dabei nicht an, der Zweck wird vollkommen erreicht, wenn die ländliche Bevölkerung danach nur in ihren wichtigsten grossen Gruppirungen unterschieden werden kann. Man will mit Recht wissen, wie viel ländliche Tagearbeiter und ländliches Gesinde mit Grundeigenthum, oder ohne Grundeigenthum, mit Bodenpacht oder ohne Bodenpacht, ebenso wie viel Fabrikarbeiter und Handwerker verschiedener Art mit oder ohne landwirthschaftliche Nebenbeschäftigung im Lande vorhanden sind. Ebenso fordert man mit gutem Grunde die Angabe über die Zahl der verschiedenen lediglich Landwirthschaft treibenden Pächter und Eigenthümer und über das annähernde Verhältniss ihres mehr oder weniger ausgedehnten Besitzes.

Kann man für einen solchen Ueberblick nur ungefähr die Gruppen innerhalb der Grenzen von $1/4$, 1, 5, 20, 100, 500 Hektaren auseinander halten, so ist eine Grundlage der Beurtheilung erreicht, die weit Alles übersteigt, was uns jetzt zu Gebote steht.

Ist es nun thunlich, diese Anforderung mit Nutzen zum Gegenstande der internationalen Vereinbarung zu machen?

Gewiss nicht unbedingt, denn die Vorbedingung ist eine Art der Volkszählung, welche jeden Haushaltungsvorstand einzeln und namentlich verzeichnet. Dies ist nun zwar schon jetzt in den bei weitem meisten Staaten der Fall, und diejenigen, in denen zur Zeit noch blosse Kopfzählungen stattfinden, streben ernstlich dahin, zur Individualzählung der Hausstände vorzuschreiten; auch ist die Volkszählung grade dasjenige Gebiet der Statistik, auf welchem am allerersten höhere Zumuthungen an die Behörden des Staates und der Gemeinden gestellt werden können und bewilligt werden würden. Gleichwohl dürfte man sich für die internationale Vereinbarung mit der Zusicherung zu begnügen haben, dass jeder Staat beim Census für die Feststellung der Berufsarten folgende Gesichtspunkte festhalten werde:

a. Allgemeine Ausdrücke wie Tagelöhner, Arbeiter, Dienstbote, Geselle sind als ungenügend zu erachten, und dabei die Angabe des Gewerbes, der Fabrikation, in welchen der Arbeiter oder sein Dienstherr hauptsächlich beschäftigt ist, zu fordern;

b. Haus- oder Grundeigenthum, ebenso Landwirthschaftsbetrieb auf eigene Rechnung, sei es als Haupt- oder Nebenbeschäftigung oder auf eigenen oder von Anderen gepachteten Grundstücken, ist stets abgesondert bei dem Beruf nachzuweisen;

c. Auch da, wo es unmöglich oder unzulässig erscheint, von dem einzelnen Haushaltungsvorstande angeben zu lassen, welche Fläche er im Eigenthum hat, und welche Fläche er auf eigene Rechnung bewirthschaftet, soll versucht werden, auf Grund der aus der Volkszählung aus den Steuerlisten oder aus Erkundigungen gewonnenen Nachrichten annähernd die Zahl der Grundeigenthümer zusammenzustellen, welche über 500, über 100, 20, 5, 1, $1/4$ und weniger als $1/4$ Hektare Grundeigenthum, und die Zahl der Landwirthe welche über 500, über 100, 20, 5, 1, $1/4$ und weniger Fläche für eigene Rechnung bewirthschaften, auch anzugeben, wie viel ländliche Tagelöhner und ländliches Gesinde, und wie viele Fabrikarbeiter und Handwerksgehülfen im Bezirke gezählt werden, welcher Bruchtheil davon als Grundeigenthümer anzuschlagen ist, und welcher Bruchtheil fremde Grundstücke auf eigene Rechnung bewirthschaftet.

Diese Fragen annähernd zu beantworten, wird auch da zu versuchen sein, wo die Volkszählungsmethode nicht entsprechend entwickelt ist, denn dort liegen einerseits die Verhältnisse ungleich einfacher, andererseits ist jede auch sehr mangelhafte Aufklärung über dieselben ein grosser Gewinn gegenüber der herrschenden völligen Unkenntniss.

7. **Berichterstattung über den Ausfall der Jahresernte, die Preise der land- und forstwirthschaftlichen Produkte, über Ein- und Ausfuhr solcher Produkte, die Höhe der Transportkosten, die Tagelohnsätze, über die Kosten des Kredites, die Güterbewegung und die Kauf- und Pachtpreise.**

Die unter den vorhergehenden sechs Nummern aufgeführten Gegenstände sind, wie gezeigt als die Abschnitte eines grossen jedes 10. Jahr zu wiederholenden land- und forstwirthschaftlichen Enquêtewerkes gedacht.

Für die weitere hier unter 7. zusammengefasste Gruppe statistischer Thatsachen ist in Aussicht genommen, die Nachrichten möglichst beschleunigt und mindestens jährlich einmal der öffentlichen Kenntniss zugänglich zu machen.

Unter diesen Nachrichten finden sich ganze Reihen von Angaben, welche in einer grösseren oder geringeren Anzahl Staaten bereits seit lange Gegenstand regelmässiger und sehr sorgfältiger Verzeichnung sind. Alle aber haben den Charakter, dass, wo dies nicht der Fall ist, auf die Zusicherung hinreichend umfassender besonderer Operationen seitens der betreffenden Staaten nicht gerechnet werden kann. Es wird deshalb den statistischen Anforderungen theilweis in sehr viel ausgiebigerem Masse entsprochen werden, für die Vereinbarung aber wird nur ein beschränktes Minimum von Feststellungen in Vorschlag gebracht werden können.

a. Die Angaben über den Ausfall der Jahresernte haben zunächst den Zweck, Regierung und Publikum über die Aussichten für Winter und Frühjahr zu unterrichten. So interessant es ist, durch genaue Feststellungen über die jährlich erzielte Erntemasse belehrt zu werden, so kommen solche Ermittelungen doch unvermeidlich so spät zum Abschluss, dass, wenn ein Weg gefunden werden kann, die Nachrichten schon im Herbst zu erlangen, und dabei ein ungefähres Bild von dem Wechsel der Ernten herzustellen, dieses Verfahren, auch wenn seine Ergebnisse weniger genau sind, sich doch für die internationale Vereinbarung besser eignet. Deshalb dürften entwickeltere Erhebungen dem Ermessen des einzelnen Staates zu überlassen, unter allen Staaten aber im Anschluss an die oben unter 3. besprochenen Feststellungen einer Durchschnittsernte eine Berichterstattung zu vereinbaren sein, welche spätestens im Monat November und mindestens für die Getreidearten, die Kartoffeln, Futterfrüchte, Stroh, Heu, Wein und Obst, den Ernteausfall bezirksweise durch eine einfache Prozentzahl nach dem Verhältniss zur Durchschnittsernte bezeichnet.

b. Preise der land- und forstwirthschaftlichen Produkte haben für die internationale Statistik wenig Werth, wenn sie reine Lokalpreise sind. Der grösste Theil der in verschiedenen Staaten gesammelten sogenannten Marktpreise hat aber diese Natur. Es sind Preise der Wochenmärkte, welche häufig durch ganz zufälliges Zusammendrängen oder Ausbleiben an sich überhaupt sehr unbeträchtlicher Marktzufuhren bestimmt werden. Allgemeinere Aufmerksamkeit verdienen nur die Preise der Hauptmärkte oder die der Produktenbörsen. Die Verbreitung derselben durch die Zeitungen geschieht aber in einer Form, die nur dem Eingeweihten gestattet, daraus Schlüsse zu ziehen. Die Art der Notirung und die Platz-Usancen erfordern zur Gemeinverständlichkeit sehr verschiedenartige Reduktionen. Es wäre aber nicht schwierig, sich über die Ausführung dieser Reduktion auf gleiches Mass, Gewicht, Geld und Qualität für diejenigen Kurse der wichtigsten Produkte zu verständigen, welche an bestimmten Hauptplätzen und zu gewissen entscheidenden Zeitpunkten notirt werden. Es würde dabei auch unmittelbare Lieferung und etwa Lieferung in drei Monaten unterschieden werden können. Jede landwirthschaftliche Zeitung, der solche vergleichbare Kursberichte möglichst beschleunigt und in einer geeigneten Form zugingen, würde sehr bereitwillig der Veröffentlichung als Organ dienen.

c. Angaben über die Ein- und Ausfuhr der land- und forstwirthschaftlichen Produkte werden zwar in der Regel in allen Staaten, für welche Zollgrenzen bestehen, erhoben. Indess bildet es für die internationale Handelsstatistik einen wesentlichen Gegenstand der Klage, dass die Unterscheidungen bei der Notirung des Waarenverkehres wegen der verschiedenen Zolltarife und Verzollungseinrichtungen in den verschiedenen Staaten weit ab weichen, so dass eine Vergleichbarkeit nur höchst unvollkommen erreicht wird. Der internationale statistische Congress hat deshalb 1869 im Haag besondere internationale Vereinbarungen über übereinstimmende Handelsnachweisungen angeregt, und die kaiserl. königl. Oesterreichische Regierung hat diese Anregung weiser verfolgt. Auch ist 1872 zu St. Petersburg von dem gedachten Congresse beschlossen worden, das im Anhange IX. mitgetheilte Waarenverzeichniss für eine solche Vereinbarung in Vorschlag zu bringen. Dieses Verzeichniss berücksichtigt die land- und forstwirthschaftlichen Produkte in sehr ausgiebiger Weise. Es wird deshalb auch den hier zu machenden Vorschlägen zunächst als Grundlage dienen können.

d. Angaben über die Höhe der Transportkosten nach Centner und Meile für die wichtigsten Produkte auf den in Betracht kommenden Eisen-, Land- und Wasserstrassen sind für die Beurtheilung der Verkehrsverhältnisse und der Verkehrsmöglichkeit unentbehrlich. Es handelt sich dabei im wesentlichen um annähernd richtige Ueberschläge der Kosten des Transportes von Getreide, Vieh, Holz, Steinkohlen und gewöhnlichen Kaufmannsgutes für Centner und Meile. Die Frachten der Eisenbahnen sind zwar aus Tarifen zu entnehmen, aber auch sie wechseln und sind oft aus der Ferne unsicher zu handhaben, die

Land- und Wasserfrachten hängen ganz von Umständen ab. Es lässt sich deshalb nur sagen, wie sie im Laufe des Jahres auf den wichtigsten Routen am höchsten, am niedrigsten und durchschnittlich gestanden haben. Dies aber vermag örtlich jeder Spediteur ohne Schwierigkeit anzugeben, und die Preise weniger Hauptlinien lassen genügende Schlüsse auf Nebenlinien zu. Die Vereinbarung würde also nur diese Linien und die denselben anzupassende, übereinstimmende Art der Angabe, auch die Unterschiede von Hin- und Rückfrachten und Aehnliches zu berücksichtigen haben.

e. Angaben über die Tageslohnsätze und wenn möglich auch über die Tageskosten eines gewöhnlichen ländlichen Arbeiters können immer weniger entbehrt werden, sind aber nicht so leicht zu beschaffen, wie es scheinen kann. Wie die französische Ackerbau-Enquête die Fragen gestellt hat, ist in der Anlage V. unter Part. 3. IV. mitgetheilt. Direkt erfragte Lohnzahlungen haben das Bedenken gegen sich, dass man nicht sicher weiss, ob Nebenumstände, Aussicht auf dauernde oder nur gelegentliche Beschäftigung, oder Nebenbezüge verschiedener Art, auf den bekannt gewordenen Fall eingewirkt haben. Es sind deshalb die Arbeiter bei öffentlichen Bauten, Gräben, Dämmen, Chausseen vielfach als der sicherste Massstab der wirklichen Lohnverhältnisse bezeichnet worden. Der Lohn derselben wird meist amtlich verzeichnet und kann am leichtesten einberichtet werden. Zweckmässig ist indess gewiss, neben diesen Angaben auch sachkundige Gutachten über den Stand der eigentlich landwirthschaftlichen Löhne und Arbeiterkosten einzuziehen. Wohl aber kann für die Vereinbarung genügen, wenn nur zugesichert wird, Angaben dieser Art lediglich in dem beschränkten Kreise solcher Oertlichkeiten zu erheben, in welchen sich besonders geeignete Organe dafür darbieten.

f. Angaben über die Kosten des Kredites sind wirthschaftlich von grossem Interesse, aber überall nur da mit Bestimmtheit zu machen, wo ihnen ein Mass der Sicherheit, die der Kreditnehmer für seinen Bodenkredit gewährt, also ein Werthmesser des beliehenen Grundstückes gegenüber steht. Solche Angaben aufzusuchen und darnach Wachsen und Fallen der Kreditkosten zu beleuchten, hat jede Regierung in der Regel einige Gelegenheit, auch vermögen Hypothekenmäkler, Banken, oder Rechtsanwälte wohl anzugeben, bis zu welchem Bruchtheil des gemeinen Werthes Hypotheken von 4, 5 oder mehr Prozent Zinsen in einem gewissen Bereich auf ländliche Grundstücke ausgeliehen werden, und welche Leichtigkeit oder Schwierigkeit im Kreditverkehr besteht. Aber die Verbindlichkeit, welche die Regierungen in der internationalen Vereinbarung zu übernehmen vermöchten, würde immer nur darin bestehen können, mitzutheilen, was ihnen aus diesen Beziehungen mit hinreichender Sicherheit im Geschäftsverkehr bekannt wird, oder sich leicht durch Erkundigungen beschaffen lässt.

g. Angaben über die Güterbewegung an freiwilligen und unfreiwilligen Verkäufen können, soweit es sich dabei nur um die Zahl dieser Besitzveränderungen und um Klasse und Ausdehnung der Besitzthümer handelt, in der Regel ohne Schwierigkeit beigebracht werden, weil sie im Gerichts- oder Grundbuchsverkehr zur Kenntniss kommen. Am meisten Interesse beanspruchen dabei ohne Zweifel die Subhastationen. Ueber die Zahl dieser Fälle Angaben zu machen, vielleicht auch die freiwilligen Subhastationen wegen Erbtheilung etc. von den erzwungenen zu trennen, wird jeder Staat übernehmen können. Für die Verkäufe aus freier Hand kann es wenigstens nicht schwer werden, die Zahl der Wechsel bei Gütern von 100 und mehr Hektaren zu ermitteln und mitzutheilen.

h. **Angaben über die Kauf- und Pachtpreise** dagegen bieten allerdings sehr viel grössere Schwierigkeiten, weil sie ihre wahre Bedeutung, ebenso wie die Angaben über den Kredit, erst durch den Massstab des gemeinen Werthes erhalten. Angaben, welche jede Regierung zweifellos zusichern kann, sind die über die fortschreitenden Verhältnisse der Domänen-Pachtpreise, dabei kann, wenn nicht der Werth, doch die vollkommene Gleichheit des verzeichneten Objekts ausser Zweifel gestellt werden. Wo ein Kataster besteht, ist die Vergleichung der Kauf- und Pachtpreise mit den Schätzungswerthen auch dann von Interesse, wenn nach Lage der Verhältnisse dieser Schätzungswerth keinen genaueren Anhalt für den wirklichen bieten kann.

Wo jeder andere Anhalt fehlt, ist es manchmal thunlich, Vergleichspunkte durch die Veränderungen zu gewinnen, die sich im Durchschnitt des Preises aller verkauften Wiesenparzellen oder Ackerparzellen in einer Oertlichkeit von ziemlich gleichartigen Verhältnissen, z. B. einer Flussaue, einer Marsch, während verschiedener Perioden, oder aus dem Vergleich von Verkäufen oder Verpachtungen desselben Gutes, an welchem inzwischen keine wesentlichen Veränderungen eingetreten sind, ergeben.

Jedenfalls ist aber auch hier für die internationale Vereinbarung die Zusicherung über mehr als über die Mittheilung derjenigen Nachrichten ausgeschlossen, die mit hinreichender Sicherheit zur amtlichen Kenntniss kommen werden. Ja man kann nicht übersehen, dass je weniger Nachrichten in diese Gruppe fortlaufender Berichterstattungen nach allgemeinen über das ganze Landesgebiet verbreiteten Beobachtungen aller ähnlichen Fälle gegeben werden können, desto mehr nothwendig wird, Schärfe und Sicherheit für die Mittheilung der Einzelheit zu fordern.

Fasst man also schliesslich das Gesammtergebniss der Prüfung aller gemachten Vorschläge so zusammen, wie es als die geforderte Antwort auf die vom Thema gestellte Frage gelten kann, so lässt es sich dahin aussprechen:
dass die Land- und Forstwirthschaft in ihrer gegenwärtigen Entwickelung nicht ohne Nachtheil genauer statistisch-vergleichbarer An-

gaben über ihre Zustände und Fortschritte in den verschiedenen Kulturländern entbehren kann, dass sich indess die bisherigen Bestrebungen der internationalen Statistik dafür nicht ausreichend erwiesen haben, die nothwendigen vergleichbaren Resultate vielmehr nur von Ermittelungen zu erwarten sind, deren, wenn auch beschränkter Kreis von Gegenständen die verschiedenen Staats-Regierungen im Wege der Vereinbarung unter gleichen Gesichespunkten sachlich und begrifflich genau feststellen, und deren möglichst regelmässige Ausführung und gegenseitige Mittheilung sie sich zusichern.

Für diese Vereinbarung empfiehlt sich im Sinne der gestellten Frage und der in obigen Ausführungen dargelegten näheren Anhaltspunkte, eine in etwa 10jährigen Perioden zu wiederholende, möglichst gleichzeitige Enquête, welche in allen Staaten die mindestens überschläglich nach thunlichst kleinen Verwaltungsbezirken zu ermittelnden Flächenverhältnisse der allgemeinen Arten land- und forstwirthschaftlicher Bodenbenutzung, des Anbaues der wichtigsten Fruchtarten und des Ertrages einer Durchschnittsernte in diesen Fruchtarten, ferner die Flächenverhältnisse der verschiedenen Waldarten und deren Holzbestand, die Grösse des Viehstandes und die Erzeugnisse desselben, endlich die annähernde Zahl der Landwirthschaften und der landwirthschaftlichen Bevölkerung umfasst.

Nicht weniger empfiehlt sich, dass die Vereinbarung der Staaten auch auf eine möglichst beschleunigte, vergleichbar und übersichtlich geordnete und mindestens jährlich gegenseitig mitzutheilende Bekanntmachung derjenigen Thatsachen erstreckt werde, welche über den Ausfall der Jahresernte, Markt und Börsenpreise der land- und forstwirthschaftlichen Produkte, die Transportkosten nach Centner und Meile auf Eisen-, Land- und Wasserstrassen, die Tagelohnsätze der Arbeiter, die Kosten des Kredites, die Güterbewegung an freiwilligen und unfreiwilligen Verkäufen und über die Höhe der Kauf- und Pachtpreise amtlich ermittelt werden, oder nach Lage der bestehenden Einrichtungen mit genügender Sicherheit zu ermitteln sind.

Gewiss ist es im Interesse der Sache wünschenswerth, dass der internationale Congress der Land- und Forstwirthe sich mit der blossen Beantwortung der gestellten Frage nicht begnüge, sondern so viel er an seiner Stelle vermag thue, um die Idee der Vereinbarung der Staaten, auf welche sich mit Recht Hoffnungen für die Entwickelung der Agrar- und Forststatistik gründen lassen, nach Möglichkeit der Verwirklichung näher zu bringen.

Er dürfte deshalb aus der Thatsache seiner Berufung und der Aufstellung des Themas Zuversicht und Aufforderung entnehmen, an die Oesterreichische Staatsregierung unmittelbar die Bitte zu richten, Schritte zur Herbeiführung einer solchen internationalen Vereinbarung thun zu wollen.

Da Alles von dem Erfolge dieser Vorfrage, von dem Zutreffen der Voraussetzung abhängt, dass der Gedanke gegenseitiger Zusicherungen mindestens zwischen einer grösseren Anzahl der Staaten wirksam ins Leben trete, so erscheint eine weitere Erwägung darüber zunächst kaum erforderlich, in welcher Weise das umfangreiche in Aussicht genommene statistische Material so zu handhaben, dass es genügend zugänglich, und die beabsichtigte Vergleichung der Resultate in der That herbeigeführt werde.

Wenn die Regierungen die gewonnenen Ergebnisse rechtzeitig veröffentlichen und unter einander austauschen, vielleicht auch die Benutzung durch Uebertragung mindestens der Hauptresultate und der Tabellenköpfe in eine der allgemeiner verständlichen Sprachen erleichtern, so wird eine weitere Vorsorge für die internationale Zusammenstellung fast überheblich sein. Die statistischen Bureaus, die landwirthschaftlichen- und Handels-Zeitungen, die Tagespresse überhaupt, und nicht weniger die wissenschaftlichen Bearbeiter der Statistik und der Land- und Forstwirthschaft werden mit hinreichendem Eifer die Gelegenheit ergreifen, das Material auszunützen.

Sollte aber wünschenswerth erscheinen, eine regelmässige systematische Zusammenstellung international zu sichern, die das Wichtige kurz gedrängt und zugleich ohne Lücke wiedergiebt, so könnte dies am einfachsten dadurch geschehen, dass wechselnd, oder mehr oder weniger dauernd eine der statistischen Centralstellen, deren unzweifelhaft jede dazu gern bereit zu finden wäre, mit dieser Aufgabe betraut würde. Ebenso liesse sich auch ein abgesondertes Unternehmen organisiren, ein Centralpunkt, der der internationalen Statistik bisher überhaupt fehlt, und zweckmässig mit der permanenten Kommission des internationalen statistischen Congresses in Verbindung gesetzt werden könnte.

Diese Fragen sind zwar nicht so frei von Schwierigkeiten, wie es auf den ersten Blick scheinen könnte, aber sie lassen sich unbedenklich in befriedigender Weise lösen und sind durchaus nebensächlich gegenüber der Hauptfrage, ob die Regierungen sich entschliessen können, in dem Werke des Ausbaus einer internationalen land- und forstwirthschaftlichen Statistik sich gegenseitige Unterstützung durch regelmässig fortgesetzte Arbeiten und dauerndes Festhalten gleichmässiger Grundsätze zu gewähren. Unzweifelhaft haben nur wenige Staaten bisher schon so ausgedehnte Anstrengungen für ihre Agrar- und Forststatistik gemacht, dass ihnen durch das internationale Unternehmen nicht gewisse Opfer an Arbeitskraft und Kosten auferlegt würden. Es dürfte aber hinreichend gezeigt worden sein, das der vorschwebende Zweck ohne übermässigen Aufwand erreicht werden kann, und dass der Nutzen jedenfalls ein weit überwiegender ist.

Wie die Statistik überhaupt für die gesammte Staatsverwaltung dem „Erkenne dich selbst" entspricht, welches für das grosse Ganze ebenso, wie für den Einzelnen, die erste Grundlage fortschreitender Entwickelung bildet, so gilt dies nicht minder von der land- und forstwirthschaftlichen Statistik für ihre besonderen Kreise; und dieselbe darf um so mehr auf bereite Unterstützung hoffen, als ihr Gebiet in weiter Ausdehnung die wichtigsten Beziehungen des öffentlichen Wohls berührt. Selbst die Meinung aber, dass auch die bereitwillige Durchführung der geforderten Ermittelungen die gehofften Erfolge nicht erzielen, und sich für die Land- und Forstwirthschaft, für ihren Verkehr, Kredit und Betrieb, für Unterricht und Gesetzgebung nicht in gewünschter Weise fühlbar machen werde, sollte für keinen Staat ein Hinderniss sein, sich der gemeinschaftlichen Thätigkeit anzuschliessen. Gewiss wird das volle Mass der erstrebten Wirkungen nicht erreicht werden, und wie bei den meisten Unternehmungen der Statistik wird der Nutzen nicht unmittelbar auf der Hand liegen; dies ist das Wesen aller angewandten Wissenschaften. Aber wie der einzelne Mensch nicht durch den Erfolg seines Nachdenkens allein bereichert wird, sondern auch durch sein Nachdenken selbst, so erzielt auch der Staat nicht allein in der Nutzbarkeit der statistischen Endergebnisse Gewinn, sondern auch in der Thätigkeit der Beamten und der Bevölkerung, die sich der Beschaffung der Grundlagen dieser Ergebnisse nicht anders widmen können, als indem sie einigermassen des Zweckes der Ermittelung und des Werthes der erfragten Umstände mit Verständniss sich bewusst werden. Kein Zweig der Statistik aber vermag nach den Erfahrungen, die die Katastrirungen gebracht haben, bei der Durchführung der einzelnen Ermittelungen so allgemein und förderlich für die Klärung der Anschauungen und Belehrung über die nächsten Berufsinteressen auf die Kreise der Betheiligten einzuwirken, als grade die Agrar- und Forststatistik.

Anhang.

Anhang I.

Ueberblick
über
die hauptsächlichste amtliche Literatur
der
land- und forstwirthschaftlichen Statistik
verschiedener Staaten,

soweit sie dem Verfasser zugänglich gewesen.

(Die Staaten folgen nach der für die internationalen statistischen Arbeiten geltenden Reihe.)

Grossbritannien:
Agricultural returns of Great Britain with abstract returns pp. (London 1859—1872, jährlich).
Miscellaneous statistics of the united Kingdom (London, 1857. 62. 64. 69).
Returns of agricultural produce in Ireland (Dublin 1855. 71).
The agricultural statistics of Ireland (Dublin 1848 ff., jährlich).
Agricultural statistics of Ireland, Tables showing the estimated average produce of the crops (Dublin, 1861 ff., jährlich).
Report on agricultural statistics of Scotland 1854 (London, 1854).

Dänemark:
Statistik Tabelvaerk (Bd. III. der 1. Reihe, Kopenhagen. 1852).
(Bd. III. und IV. der 3. Reihe, 1863).

Norwegen:
A. N. Kiaer, Statistisk Håndbog (Christiania, 1872).
O. J. Broch, Annuaire de statistique du royaume de Norvège (Christiania, 1867—71, norwegisch).
Rapport quinquennal sur l'état économique pp., 1861—68 (Christiania, 1869, norwegisch).
Almanak for 1874 udgivet af det Norske Universitet.

Schweden:
Bidrag till Sveriges officiele Statistik. K. Maj Befallningshalvander Femårsberättelser for åre 1856—60 (Stockholm, 1863), 1861 bis 65. (1868).
Jordbruck och Boskapskötel (Stockholm 1872).

Russland:
Statistisches Jahrbuch (Wremennik) des russischen Reiches hg. v. statistischen Comité (1868 und 1871, russisch).
Statistische Tabellen des russischen Reichs (Petersburg, 1863 ff., russisch).
Schnitzler, Empire de Tsars (Bd. IV., Paris 1869).
De Buschen, Aperçu statistique des forces productives de la Russie (Paris, 1867).
Atlas économique et statistique de la Russie d'Europe (Petersburg, 1867).

Oesterreich:
Tafeln zur Statistik der österreichischen Monarchie (Wien, 1846—69).
Mittheilungen des k. k. österreichischen Ackerbauministeriums (Wien, seit 1870).
Jahrbuch der österreichischen Monarchie (Wien, seit 1863).

Ungarn:
Statistisches Jahrbuch für Ungarn (Jahrg. I., Ofen, 1872).
Keleti, Uebersicht der Bevölkerung, der Wohnverhältnisse und Hausthiere nach der Zählung von 1870 (Pest, 1871).

Schweiz:
Allgemeine Beschreibung und Statistik der Schweiz von M. Wirth pp. (Bd. I., Zürich, 1871).
Schweizerische Statistik der Eidgenössischen Viehzählung v. 21. Apr. 1866 (Bern, 1866).
Die Alpenwirthschaft der Schweiz (Bern, 1868).

Preussen:
Zeitschrift des Königl. statistischen Bureaus (Engel, Berlin, seit 1861).
Meitzen, der Boden- und landwirthschaftlichen Verhältnisse des preuss. Staates (Berlin, 1868—71).
O. v. Hagen, die forstlichen Verhältnisse des preuss. Staates (Berlin, 1867).
Zur Statistik des Königr. Hannover, Heft 2—4 (Hannover, 1851—55).
Beiträge zur Statistik des vormaligen Kurfürstenthums Hessen (Kassel, 1866). Sartorius, Beiträge zur Statistik des Herzogthums Nassau (Wiesbaden, 1863).

Bayern:
Beiträge zur Statistik des K. B. Die Ernten im Königreich Bayern (Heft XV. München, 1866).
Zeitschrift des landwirthschaftlichen Vereins in Bayern.
Zeitschrift des statistischen Bureaus des K. Bayern (seit 1869).

Sachsen:
Zeitschrift des statistischen Bureaus des sächsischen Ministeriums (Dresden, seit 1855).

Württemberg:
Württembergische Jahrbücher für vaterländische Geschichte, Geographie und Statistik (Memminger, seit 1822).
Das Königreich Württemberg, Stuttgart 1863).

Baden:
Beiträge zur Statistik der inneren Verwaltung (Karlsruhe, seit 1851).
Statistische Mittheilungen über das Grossherzogthum Baden (seit 1869).

Hessen:
Beiträge zur Statistik des Grossh. H. (Darmstadt, seit 1862.)
Mittheilungen der Grossh. Centralstelle für Landesstatistik, im Notizblatt des Vereins für Erdkunde (Darmstadt, seit 1854).

Mecklenburg:
Beiträge zur Statistik Mecklenburgs (Schwerin, seit 1858).

Oldenburg:
Statistische Nachrichten über das Grossh. Oldenburg (Oldenburg, seit 1857).

Braunschweig:
Zur Statistik des Herzgth. Braunschweig (1858—62).

Anhalt:
Mittheilungen des herz. Anhaltischen statistischen Bureaus (seit 1867).

Thüringische Staaten:
Statistik Thüringens (Jena 1866—67).
Mittheilungen aus dem statistischen Bürcau des Herzogth. Sachsen-Koburg-Gotha (Gotha, seit 1864).
Hildebrands Jahrbücher für Nationalökonomie und Statistik (Jena, seit 1863).

Niederlande:
Statistisch Jaarboek voor het Koningryk der Nederlanden (1851 jährlich).
Verlag van den Landbouw in Nederland over 1870 (Gravenhagn, 1871).

Luxemburg:
Situation agricole du grand duché de Luxembourg en 1861—62, Rapport général (Luxemburg, 1862-63).

Belgien;
Statistique générale de la Belgique, Exposé de la situation du royaume 1841—1850 (Bruxelles, 1852); it. 1851—60 (Br. 1865).
Statistique de la Belgique, Agriculture, Recensement général 15. Oct. 1846 (Br. 1850); it. 31. Dec. 1856 (Br. 1862).
Statistique de la Belgique, Recensement de l'an 1866 (Br. 1871).
Annuaire statistique de la Belgique (seit 1870).

Frankreich:
. Statistique de la France, publiée par le ministre de l'agriculture et du commerce (Paris, 1841); it. (1860).
It. Agriculture, Resultats généraux de l'enquête décennale de 1862 (1868—1870).
Exposé comparatif de la situation économique et commerciale de la France (Paris, 1863).

Portugal:
Resumé de la statistique par le ministère de l'Iutericur (1863).

Spanien:
Annuaire statistique de 1853, 1860—61.
Annuario estadistico de España, publicado por la direccion general de Estadistica, Anno 1866—67 (Madrid, 1970).
Censo de la Ganaderia d. 24. Sept. 1865 (Madrid, 1868).

Italien:
Annali del ministerio di Agricoltura, Industria et commercio (1870, 71, 72).
Racolta dei provedimenti relativi al Cadasto stabile in Terra ferma, (Turin 1857—60.).
Tavole statistiche che dimostrano come se divisa la proprietá fondiaria in Sicilia (Palermo, 1861).
Barbieri, censimento della proprietá fondiaria in Italia (Pinerolo, 1863).
Regno d'Italia, statistica forestale, P. I. (Firence, 1870).

Griechenland:
Statistique de l'agriculture (1860, 1870).

Serbien:
Serbische Statistik v. Vladimir Jakschitsch (Belgrad, 1855, 57).
Publicationen des serbischen statistischen Bureau (1863—71, serbisch) Bd. V. Agrarstatistik.

Rumänien:
Analele statistice ale Romániei (Bukarest, seit 1860, rumänisch).
Notes sur la Romanie principalement en point de vue de son économie rurale, industrielle et commerciale (Paris 1863).

Vereinigte Staaten von Nordamerika:
Agriculture of the United States in 1860 by J. Kennedy (Washington, 1864).
Report of the commissioners of Agriculture (Washington, 1868—72).
Monthly report of the agricultural departement (Washington, 1864—72).

Anhang II.

Die
von den betheiligten Staatsregierungen genehmigten Feststellungen
über die Organisation der permanenten Kommission
des
internationalen statistischen Congresses.

1° Il est créé une commission permanente du Congrès international de statistique.

2° Cette commission se compose des membres chargés de préparer le plan d'une statistique internationale. Les pays qui ne figurent pas dans la répartition du travail de statistique internationale ont le droit de nommer leurs délégués à la commission permanente.

3° Le président de la commission est, de plein droit, d'un Congrès à l'autre, l'organisateur de la dernière session.

4° Le président nomme son secrétaire.

5° La commission permanente se réunit au moins une fois entre deux sessions générales du Congrès.

Elle a pour mission :

a. De demander des renseignements sur la mise à exécution des décisions et des voeux du Congrès dans les divers pays et sur les difficultés que présente la réalisation de ces décisions et de ces voeux; d'examiner si ces difficultés ne motivent pas une révision des décisions adoptées.

b. De poursuivre l'assimilation des publications statistiques dans les différents pays, en tant qu'il est nécessaire pour la formation de la statistique internationale.

c. D'appeler l'attention de la commission organisatrice sur les questions à débattre à la session suivante et de collaborer au programme de cette session.

d. D'effectuer des enquêtes internationales pour présenter à la commission organisatrice de la session générale suivante des rapports sur l'état, dans tous les pays, des branches de statistique auxquelles se rapportent les questions proposées; toute présentation de rapport à l'assemblée générale du Congrès sur une question quelconque devra être précédée d'une enquête internationale.

e. D'exécuter les travaux internationaux collectifs dans le genre de celui qui a été entrepris au Congrès de La Haye, et de résoudre les questions qui se rapportent à l'exécution de ces travaux et d'en arrêter les programmes.

f. De présenter au Congrès la rédaction définitive des décisions à prendre par la session.

Anhang III.

Beschlüsse des internationalen statistischen Kongresses, die Landwirthschaft betreffend.

AGRICULTURE ET ÉLÈVE DE BÉTAIL.

RECENSEMENT AGRICOLE. — DONNÉES A RECUEILLIR. MODE D'OPÉRER.
Bruxelles 1853.

Les recensements de l'agriculture ont pour but de constater les faits qui sont propres à donner une connaissance complète des conditions, des procédés et des résultats de l'industrie agricole d'un pays à une époque déterminée.

Ce sont des opérations difficiles et compliquées qui ne peuvent réussir qu'autant que ceux qui les entreprennent sont bien fixés sur toutes les règles auxquelles, dans la pratique, elles sont subordonnées.

Ces règles se rapportent à trois chefs selon qu'elles ont pour objet le temps, le mode ou le cadre de l'opération.

A. Époque des recensements agricoles.

Il est nécessaire que le recensements de l'agriculture se fassent, dans tous les pays, de manière à constater des résultats comparables, et, par conséquent, qu'ils se rapportent partout, soit à une même année agricole, soit à une année moyenne exprimant une situation normale. Cependant, tout en abandonnant le choix de l'époque à l'appréciation des divers Gouvernements et des diverses commissions de statistique auxquelles seront confiés ces travaux importants, le Congrès à émis le vœu que l'on donnât, autant que possible, la préférence au dernier trimestre de l'année, considéré comme le moment le plus convenable.

B. Périodicité des recensements de l'agriculture.

Les recensements de l'agriculture doivent se renouveler périodiquement, pour que les données qu'ils mettent en lumière puissent, dans certaines limites et malgré la mobilité des faits, être considérées comme leur expression réelle et permanente. Quelle doit être la période de ces renouvellements, et la nature des choses permet-elle de la fixer d'une manière uniforme? La première de ces questions se résoudrait d'elle-même, si l'on pouvait considérer chaque pays comme un grand domaine soumis à un seul assolement et à une même rotation. En ce cas, le recensement semblerait devoir être renouvelé la dernière année de la succession des cultures. Mais comme, en fait, il n'y a pas de peuple dont le territoire, quelque exigu qu'il soit, se trouve assolé de la même manière, le point de savoir, quand il convient de recommencer le recensement de l'agriculture, devient une question de fait dont la solution doit varier selon le temps et les lieux, en raison des progrès plus ou moins lents de l'industrie agricole. Celle-ci subit-elle des changements rapides dans ses procédés et dans sa production? le recensement doit se renouveler plus fréquemment. Est-elle, au contraire, stationnaire ou ne se modifie-t-elle qu'avec lenteur? la période de renouvellement de l'opération peut être plus longue sans inconvénient.

Ce point ne comporte pas de solution nette et précise, étant entièrement subordonné aux circonstances locales.

Le Congrès a décidé que l'on adoptera pour les recensements de l'agriculture la même période de renouvellement que pour les dénombrements de la population, c'est-à-dire que le recensement agricole se ferait par périodes décennales, et qu'il coïnciderait, autant que possible, avec le recensement de la population. A cet effet, il serait utile d'établir dans les tableaux deux colonnes, don l'une donnerait les résultats de l'année sur laquelle porte le travail, et l'autre le resultat moyen du terme écoulé entre le recensement antérieur et celui auquel le tableau s'applique.

C. Mode opératoire.

Les recensements de l'agriculture, de même que les dénombrements de la population, ne peuvent produire des résultats dignes de foi qu'autant qu'ils sont ordonnés de manière à constater sur le lieu même, et avec le concours d'agents sûrs et intelligents, tous les faits qu'ils ont pour objet de recueillir.

Le Congrès n'a pas cru devoir déterminer un mode opératoire absolu et uniforme; ce mode peut différer non-seulement dans chaque pays, selon son organisation administrative et les conditions dans lesquelles se trouve la propriété, mais aussi dans le même pays, selon que ses diverses parties ont des conditions différentes dans la division de la propriété.

D. Cadre des recensements de l'agriculture *(renseignements à recueillir)*.

Quel doit être le cadre des recensements ou, en d'autres termes, quels sont les faits qu'ils doivent constater pour qu'ils atteignent le but en vue duquel ils sont entrepris? Théoriquement, cette question ne peut soulever aucune controverse: Comme les recensements agricoles sont destinés à donner une connaissance complète des conditions, des procédés et des résultats de l'industrie agricole d'un pays à une époque déterminée, il importe qu'ils embrassent tous les faits qui, à ces divers points de vue, doivent servir d'éléments essentiels à cette appréciation. Cependant le recensement agricole doit comprendre un minimum de questions relatives à l'area (superficie du sol affecté à chaque espèce de culture, le produit de chacune de ses cultures), au mode de fertilisation, à la valeur des produits, aux travailleurs agricoles, au nombre d'animaux domestiques.

Paris 1855.

La session de Paris a émis les vœux suivants.

A. Mode d'opérer.

1. Les renseignements sont recueillis de particuliers réunis en commissions. Dans les localités où celles-ci ne pourraient pas être formées ou ne fonctionneraient

pas convenablement, ces commissions peuvent être remplacées par un commissaire spécial salarié.

2. Le Congrès émet le vœu:

que tous les Gouvernements s'occupent, au plus tôt, de l'organisation du cadastre topographique parcellaire;

que, partout où le cadastre parcellaire existe, il serve de base et de contrôle aux relevés de la statistique des cultures;

que, dans les pays où il n'y aurait pas de cadastre, les opérations statistiques s'effectuent d'après les méthodes qui offriront le plus de garanties locales, avec indication des voies et moyens employés.

3. Il sera opéré un relevé de l'étendue des terrains consacrés à chaque culture, et un relevé du rendement de ces cultures. — Ces relevés seront effectués aux époques les plus opportunes, suivant le pays.

4. Le Congrès est d'avis que les Gouvernements adoptent une époque identique pour le dénombrement des bestiaux et des troupeaux fixée au mois de décembre.

B. Périodicité des recensements agricoles.

Il y aura des recensements décennaux qui comprendront tous les détails contenus dans les cadres, et des recensements annuels renfermés dans des limites plus étroites.

C. Cadre du recensement de l'agriculture.

1. Recensement annuel.

1. Superficie consacrée

   aux diverses espèces de céréales (y compris le sarrasin, le maïs, le millet et autres menus grains),

   aux pommes de terre (et autres tubercules),

   aux racines et bulbes alimentaires (en y comprenant les betteraves), quel que soit leur emploi,

   aux légumes secs,

   aux graines oléagineuses,

   aux plantes textiles,

   aux autres plantes industrielles non alimentaires,

   aux prés artificiels et naturels, et aux cultures fourragères annuelles,

   aux vignes,

   à la culture maraichère.

2. Quantité de produits récoltés sur ces superficies, et la production spécifiée des arbres fruitiers.

3. Poids des produits rapporté à leur volume et à leur quantité.

4. A ces questions, qui forment un minimum, il convient d'ajouter des questions sur le prix de vente des bois par hectare, selon l'âge et l'essence, sur les produits de l'apiculture, sur la récolte et les prix des cocons, sur les irrigations, les desséchements, les progrès du drainage, l'emploi des machines et sur d'autres faits agricoles spéciaux aux divers pays.

5. Le Congrès demande qu'il soit fait une statistique des cours d'eau non navigables ni flottables au point de vue de l'irrigation, avec l'indication précise

de l'état de l'aménagement des eaux; qu'une statistique analogue soit faite dans l'intérêt du drainage.

2. Cadre des recensements décennaux.

1. Ce cadre peut être considéré comme le développement de celui de la statistique annuelle, complété par quelques renseignements d'une nature moins variable. Ainsi les recensements décennaux doivent toujours avoir pour base, comme les recensements annuels, les superficies et quantités des céréales, legumes secs, racines, plantes oléagineuses et textiles, des produits des prés, des vignes, de la culture maraîchère; seulement il conviendra d'y a'jouter un certain nombre de questions sur la silvi-culture, sur les landes et bruyères, etc. Les agents des recensements devront, en outre, recueillir des documents, pour chaque culture, sur les frais de maind'œuvre, de fumier, de transport, de battage, etc., etc.

2. Mode de fertilisation. On ne constaterait que la quantité d'engrais commerciaux moyenne employée par hectare et la consommation totale. En conseillant d'insérer, à titre d'observations, dans la statistique relative au bétail, des données explicites et détaillées sur la manière dont on prépare les fumiers, sur le temps du pâturage et du pacage, sur les lieux qui leur sont réservés et sur le mode suivant lequel ils s'opèrent. Ces données, jointes à celles du nombre des bestiaux, permettront d'apprécier à peu près exactement le degré de fertilisation donné au sol.

3. Les travailleurs agricoles méritent une étude toute particulière. On doit distinguer les travailleurs sédentaires des travailleurs qui ne viennent au secours de l'agriculture qu'à des époques déterminées; de plus on distinguera entre les journaliers ou travailleurs à salaires, et les domestiques ou travailleurs à gages (valets de ferme, vachers, charretiers, bergers, etc.).

Les journaliers seraient subdivisés selon le sexe et l'état civil; on constaterait le nombre des membres de la famille à leur charge (vieillards ou enfants); on s'informerait du taux de leurs salaires, selon qu'ils sont, ou non, nourris; du nombre des journées de travail par an, des occupations et bénéfices accessoires. En regard des recettes, dont on aurait ainsi recueilli les éléments, on placerait des renseignements relatifs aux principales dépenses: logement, nourriture, habillement, impôts.

Les domestiques, également divisés par sexe et par état civil, pourraient donner lieu à des questions sur la forme sous laquelle les gages sont acquittés (payement en argent, en nature, etc.).

4. La statistique des animaux domestiques comporte des détails nombreux dont il faut savoir choisir les plus importants. Parmi ces derniers, il y a lieu de ranger: les quantités par espèce, avec une ou deux subdivisions pour les âges; le nom de la race (perfectionnée ou commune); les pertes occasionnés par les épizooties et les accidents; le prix, le poids brut et net pour les animaux qui servent à la consommation; le revenu produit par les animaux, sous forme d'engrais, de croit, de laine, etc., etc. Le recensement des existences aurait lieu tous les ans, tandis que les autres questions ne seraient posées que tous les dix ans.

5. A ces renseignements, implicitement renfermés dans le cadre général et sommaire, approuvé par le Congrès de 1853, il convient d'ajouter des questions sur le nombre des cultivateurs propriétaires exploitant par eux-mêmes; sur le

nombre des fermiers, métayers et régisseurs; sur l'étendue des exploitations agricoles classées par groupes; sur le nombre des parcelles par exploitation; sur la valeur des terres de différentes classes; sur le taux des fermages; sur la durée moyenne des baux, sur l'étendue des chemins specialement affectés à l'agriculture, etc., etc.

6. Enfin, concernant les instruments agricoles, il suffit de recenser les machines et les instruments nouveaux.

7. En dehors de ces renseignements, qui ne peuvent être recueillis que sur les lieux et par des agents spéciaux, il conviendrait, pour rendre aussi comparative que possible la statistique agricole de chaque pays, de répondre, à chaque recensement décennal, aux questions suivantes:

1. L'agriculture est-elle l'object d'encouragements de la part du Gouvernement et de sociétés spéciales? Sous quelle forme ces encouragements sont-ils donnés? Création d'écoles d'agriculture, de fermes modèles, d'écoles vétérinaires, concours, primes, distinctions honorifiques, distribution de graines et plantes, publication d'ouvrages spéciaux ou souscription à ces ouvrages, indemnités en cas de pertes, mesures préventives des épizooties, etc.; et qu'on spécifie le nombre et l'importance des établissements, tels que concours, école, fermes modèles, etc., et qu'on indique, s'il y a des ingénieurs agricoles.

2. Indiquer le nombre des établissements d'assurances agricoles, la nature et les conditions principales de leurs opérations; donner, en outre, le nombre et le montant annuel des assurances, ainsi que la valeur totale des propriétés assureés. -- Faire connaitre le nombre annuel des sinistres agricoles et l'évaluation des pertes.

3. Existe-t-il des institutions de crédit foncier? Ces institutions ont-elles été fondées exclusivement par l'Etat ou par des compagnies, ou par des compagnies avec l'assistance de l-État? Indiquer la nature de leurs opérations.

8. Le Congrès émet le voeu que dans les pays où des agents salariés et spéciaux pourront être employés pour les opérations de la statistique, on reconnaisse l'avantage qu'il y aurait à en charger des personnes aptes à pouvoir remplir parallèlement une mission d'enseignement au profit des classes rurales.

Londres 1860.

Le Congrès exprime le désir:

1. Que dans tous les pays, la quantité des principaux produits soit annuellement déterminée.

2. Que la superficie occupée par ces récoltes soit également déterminée annuellement, et que le dénombrement du bétail soit opéré chaque année, s'il est possible, et au moins tous les cinq ans. La qualité et la valeur des produits devraient également être estimés. Le mode d'enquête devrait varier dans chaque pays, selon les circonstances, mais on devra éviter avec soin d'éveiller les susceptibilités et les appréhensions des cultivateurs par d'inutiles questions.

3. Que le mode d'enquête soit applicable aux diverses enquêtes industrielles.

Florence 1867.

Le Congrès a émis des voeux à l'égard des objets suivants:

Dénombrement du bétail.

1. Le dénombrement du bétail aura lieu dans des périodes aussi courtes que possible et qui ne dépasseront pas dix ans. Il est à désirer que l'époque du dénombrement, si elle ne coïncide pas tout-à-fait avec le recensement de la population, s'en rapproche autant qu'il est possible. L'époque sera déterminée par chaque état.

2. Il est à désirer que, pour le dénombrement du bétail, on distribue des bulletins à chaque propriétaire pour y inscrire le sien. Dans un premier recensement pourtant il peut suffire que chaque commune indique le nombre total du bétail, qu'elle possède, de la façon qui peut convenir le mieux aux divers endroits afin d'arriver à un dénombrement exact.

3. La statistique du bétail doit comprendre les espèces chevaline, bovine, porcine, ovine, caprine. Il est assurément à désirer qu'on l'étende à d'autres espèces, telles que les abeilles; mais il est essentiel, en attendant, qu'elle comprenne les espèces indiquées. Il serait également à désirer qu'on y indiquât la race ou d'autres distinctions; mais ce qui est essentiel, c'est qu'on n'omette pas les distinctions concernant l'espèce, l'âge et la destination.

4. On devra également indiquer les dispositions et les institutions pour l'amélioration du bétail, avec les dépenses, la comptabilité et les règlements économiques.

5. On fera connaître les dispositions pour les maladies du bétail, soit pour celles contagieuses, soit pour celles d'infection, et les chiffres de la mortalité que ces maladies ont causée avec les distinctions, indiquées plus haut, d'espèce, d'âge et de destination.

6. Les quantités et les qualités du bétail seront indiquées d'une manière absolue et d'une manière relative, en égard à l'unité superficielle du terrain et à la population qui en profite.

Évaluation du revenu net des cultures.

Le Congrès est d'avis
Quant aux produits,

1. Qu'il faut, où il n'y a pas de cadastre, procéder à un mesurage parcellaire de chaque culture.

2. Qu'on doit chercher à connaître, avant-tout, les produits bruts du sol.

3. Qu'on parviendra à cette connaissance:
   a) En évaluant, autant que possible, la récolte moyenne de chaque territoire communal;
   b) En recueillant des rapports périodiques sur les récoltes en chiffres absolus, comme aussi par rapport à la superficie du sol.

4. Qu'en attendant, on dresse un catalogue général sur la base d'une nomenclature uniforme
   a) **Des diverses cultures de chaque pays;**
   b) De tous les produits du sol.

On obtiendra ainsi une sorte de dictionnaire explicatif et comparatif de tous les genres, soit de cultures, soit de produits.

5. Que les pius amples renseignements soient demandés sur les rotations agricoles et sur les diverses méthodes de culture suivies dans chaque territoire.

Quant aux prix:

1. Qu'on adopte un système et une nomenclature générale uniforme de poids, de mesures et de monnaies.
2. Qu'on invite les Gouvernements à faire rédiger les mercuriales de tous les produits du sol.

Quant aux déductions:

1. Qu'on procède à la détermination des pertes qui peuvent être causées par l'influence de certaines causes, telles que la sécheresse, les pluies excessives, la grêle, la gelée blanche, les inondations et autres accidents, sur la maturité et la récolte des produits.
2. Que les frais de culture soient déterminés d'après l'appréciation des faits suivants:

   a) Le montant des gages et des salaires des ouvriers cultivateurs;

   b) Les frais d'entretien des animaux de travail, et de leur renouvellement ordinaire;

   c) Les dépenses d'entretien pour réparations et renouvellement des instruments ruraux;

   d) Les frais de réparation aux bâtiments ruraux;

   e) Les dépenses d'irrigation proprement dites, soit pour le loyer de l'eau, soit pour l'entretien des canaux conducteurs et distributeurs et pour les ouvrages d'art qui en dépendent.

   f) Le coût des engrais, qu'il faut ajouter à ceux qu'on produit sur le terrain;

   g) Le salaire en denrées qu'on donne, en certains lieux, aux ouvriers et aux travailleurs extraordinaires et éventuels, dont l'aide est réclamée à l'époque des récoltes;

   h) La conservation en état de service du drainage, là où il existe, ou les moyens de pourvoir à l'écoulement des eaux stagnantes ou surabondantes;

   i) Les frais, s'il y a lieu, que doivent supporter les propriétaires pour les assurances contre la grêle, les incendies et autres semblables accidents;

   k) Les frais d'administration, tels que les salaires des agents de campagne et des directeurs des travaux agricoles, des teneurs des livres et des cautions pour les achats et les ventes nécessaires dans l'exploitation des terres.

La Haye 1869.

Le Congrès a adopté la proposition suivante de M. Ruggles, délégué officiel des États-Unis d'Amérique:

Les délégués officiels sont priés de fournir, autant que possible, pour la prochaine session du Congrès international de statistique, des données statistiques sur les produits agricoles de leurs pays pour les trois années qui précèdent celle de la session.

Il est à desirer que les quantités de céréales produites dans chaque pays soient exprimées en poids plutôt qu'en mesures de capacité.

Anhang IV.

Beschlüsse des internationalen statistischen Congresses, das Kataster betreffend.

Bruxelles 1853.

CADASTRE.

Il est à désirer, que chaque pays ait son cadastre établi d'une manière uniforme: c'est dans ce but que le Congrès a voté le propositions suivantes:

I. La partie d'art du cadastre comprendra:
  a) La délimitation de la commune et sa division en sections.
  b) La triangulation.
  c) Les travaux d'arpentage et le lever du plan parcellaire à l'échelle ordinaire de $1/2500$, mais pouvant aussi être, suivant les circonstances, de $1/5000$, $1/1250$ et même $1/500$ pour les localités où les parcelles sont généralement très-p tites. L'atlas des plans parcellaires est accompagné d'un tableau d'assemblage à $1/5000$ ou $1/20000$ mais plus ordinairement $1 1/10000$.
  d) Le tableau indicatif dans lequel sont inscrits le nom du propriétaire, la nature de culture et la superficie de chaque parcelle.

II. La partie d'expertise consistera dans le opérations suivantes:
  a) Réunir les prix de baux et des ventes, ainsi que les mercuriales pour une période de quinze ans et en dresser le tableau.
  b) Déterminer les prix de fermage, d'une part, d'après la ventilation de baux et les mercuriales, d'autre part, d'après les renseignements locaux, et former, par la comparaison de ces deux éléments, le prix commun de chaque nature de propriété.
  c) Fixer, par section de commune, les types et la valeur de chaque classe de culture.
  d) Faire l'application du classement à chaque parcelle, et en inscrire le revenu dans le tableau indicatif.

III. La conversation du cadastre portera sur les points suivants:
  a) Changement de figures ou de limites des parcelles, à consigner sur des plans supplémentaires, indépendamment des inscriptions à faire dans des tableaux indicatifs supplémentaires,

b) Changements de nature de culture,
c) Changements de propriétaire,
d) Changement de valeur des propriétés, dans les cas exceptionnels prévus par la loi.

Il parait inutile d'entrer dans les détails des relevés par nature de culture, de la matrice cadastrale et autres opérations ultérieures, que tous les praticiens connaissent; ce qui importe le plus pour le moment, c'est de se mettre d'accord sur les grands principes qui doivent guider les Gouvernements dans l'exécution du cadastre considéré sous le double point de vue de la topographie et de la valeur des propriétés immobilières, sans égard aux questions d'impôt.

Florence 1867.

Le Congrès décide:

1. Que le programme d'une statistique cadastrale, tel qu'il a été proposé par la IIIme section et distribué à chacun de ses membres, sera publié dans le compte-rendu des actes du Congrès.

2. Que dans le prochain Congrès on discutera la méthode qui convient à la compilation d'une statistique cadastrale.

3. Que les gouvernements seront invités à rédiger une statistique générale de leurs cadastres selon la méthode que le Congrès aura conseillée.

La Haye 1869.

Le Congrès:

1. Arrête: *a*) le programme d'une statistique cadastrale, présenté à Florence, avec les amendements proposés à la page 111 du Programme du Congrès de la Haye; *b*) le six modèles annexés à ce dernier programme (pages 116—120), simplifiés comme il est indiqué ci-après;

2. Invite les gouvernements à faire rédiger une statistique cadastrale d'après le programme et les modèles arrêtés;

3. Recommande aux gouvernements de pays qui ont leur cadastre parcellaire achevé et conservé, de rédiger chaque année des statistiques:
a) des changements dans les plans, les tableaux et les matrices cadastrales;
b) de quelques mercuriales (des céréales, du bétail etc.);
c) des prix de biens immeubles mis en vente publique (par commune) et de baux enregistrés;
e) de la dette hypothécaire et des charges réelles qui grèvent le sol (par arrondissement ou canton).

Anhang V.

Uebersicht
über Inhalt und Anordnung der durch die
französische land- und forstwirthschaftliche Enquête von 1862
beantworteten Fragen.

Unter der Ueberschrift jedes Abschnitts ist überall die Reihe aller der Fragen zusammengestellt, welche in demselben zur Beantwortung gekommen sind. Die einzelnen Gegenstände, über welche in dem bezeichneten Abschnitte Fragen beantwortet sind, folgen nach ihren laufenden Nummern hinter dem Fragenschema. Die Unterscheidung durch das vorgesetzte A. B. C. D. u. s. f. aber giebt an, wie das Fragenschema für den einzelnen Gegenstand beantwortet ist. Ob dies vollständig oder nicht vollständig geschehen, weisen die in den Colonnen neben dem Fragenschema unter A. B. C. D. u. s. f. angegebenen Zahlen nach, welche die einzelnen Fragen und deren Reihenfolge so bezeichnen, wie dieselben in den Spalten der veröffentlichten Zusammenstellungs-Tabelle für jeden der unter A. B. C. D. u. s. f. genannten Gegenstände in Anwendung gebracht sind.

Part. 1. Cultures.
I. Céréales et farineux alimentaires.

	A	B	C	D
Departements	1	1	1	1
Nombre d'hectares cultivés	2	2	2	2
Quantité de semence par hectare	3	3		
Produit moyen brut en grains par hectare 1862	4	4	3	
„ bonne année moyenne	5		4	
Poids moyen de l'hectolitre it.	6—7			
Produit moyen en paille par hectare it.	8—9			
Production totale en grains	10	6	5	3
„ en paille	11			
Prix moyen de l'hectolitre de grains	12	7	6	
„ du quintal métrique de paille	13			
Valeur totale de la production en grains	14	8	7	4
„ en paille	15			
Nombre d'hectolitres de grains nécesaires pour les semences	16	9		5
„ pour l'alimentation des hommes	17	10	8	6
„ pour la nourriture des animaux	18	11	9	7
„ pour le besoins de l'industrie	19	12	10	8

Céréales.
A. 1. Froment d'hiver. 2. Froment de printemps. 3. Epeautre. 4. Méteil (Mélange de seigle et de froment). 5. Seigle. 6. Orge. 7. Avoine. 8. Maïs. 9. Sarrasin. 10. Millet.
   Farineux alimentaires.
B. 1. Pommes de terre.
C. 2. Châtaignes.
D. 3. Autres.

II. Principales cultures potagères et maraichères.

	A	B
Departements	1	1
Nombre d'hectares cultivés	2	2
Produit moyen brut par hectare 1862	3	
„ bonne année moyenne	4	
Produit total	5	
Prix moyen de l'hectolitre	6	3
Valeur totale	7	4

A. 1. Haricots, a. frais, b. secs. 2. Fèves et féveroles, a. fraiches, b. sèches. 3. Lentilles. 4. Pois, a. frais, b. secs. 5. Choux. 6. Carottes, navets et panais. 7. Citrouilles et courges. 8. Melons et pastiques. 9. Asperges. 10. Artichauts. 11. Salades de toute nature.
B. 12. Autres légumes.

III. Cultures industrielles.

	A	B	C	D	E	F	G
Departements	1	1	1	1	1	1	1
Nombre d'hectares cultivés	2	2	2			2	2
Quantité de semence (plants, pieds pp.) par hectare	3	3	3				3
Produit moyen par hectare 1862	4	4	4				4
Bonne année moyenne	5	5	5				5
Produit moyen par hectare en kilogrammes de filasse 1862					2		
Bonne année moyenne.					3		
Produit total (en graines pp.)				6	6	4	
Prix moyen de l'hectolitre de graines (d'olives, de noix, d'amandes pp.)				7	7	2	
Valeur totale des graines				8	8		
Quantité d'hectolitres (de graines pp.) necessaires pour 1 hectolitre d'huile				9	9	3	
Produit total				6			6	3
Produit total en huile				10			
Prix moyen d'un quintal métrique (rendu à l'usine)				7			7
Prix moyen de l'hectolitre d'huile				11	10	4	
Prix moyen d'un kilogramme de filasse					5		
Valeur totale				8		6	8	4
Valeur totale de l'huile				12			

A. 1. Betterave à sucre.
B. 2. Cultures oleagineuses, graines: a. Colza. b. Oeillettes. c. Cameline. d. Navette.
C. e. Chenevis (graine de chanvre). d. Lin (graine de lin).
D. Cultures oleagineuses, arborescentes: a. Oliviers. b. Noyers. c. Amandiers. d. Hêtre (faines de).
E. 3. Plantes textiles: a. Chanvre. b. Lin. [4. Soie*)]
F. 5. Autres cultures industrielles: a. Houblon. b. Tabac. c. Garance. d. Pastel tinctorial. e. Gaude. f. Cardère ou chardon à foulon. g. Safran. h. Chichorée.
G. i. Autres.

IV. Fourrages.

	A	B	C
Departements	1	1	1
Superficie des prés secs	2		
irrigués	3		
vergers	4		
Superficie totale	5	2	2
Produit moyen par hectare (regain compris) 1862		3	
bonne année moyenne		4	
prés secs 1862	6		
bonne année moyenne	7		
prés irrigués	8—9		
prés vergers	10—11		
Produit totale	12	5	3
Prix moyen du quintal métrique de foin		6	
prés secs	13		
prés irrigués	14		
prés vergers	15		
Valeur totale	16	7	4

A. 1. Prés naturels.
B. 2. Prairies artificielles (Trifles de toute nature, sain foin, luccrne, raygrass et mélanges).
C. 3. Paturages et prés non fauchables (herbages, pacages, laudes, pâtis, bruyères).
4. Fourrages consommés en vert (féveroles, hivernache, autres. Fourrages racines. Navet, rutabaga, betterave à vache, etc.).

---

*) 1. Departements. 2. Superficie plantée en mûriers. 3. Quantitée totale de feuilles employées dans le departement. 4. Prix moyen d'un kilogramme de feuilles 1862. 5. Moyenne de 5 années précédentes. Valeur totale des feuilles. 7. Quantitée totale de graine employée dans le departement (par onces de 25 grammes) 1862. 8. Moyenne de 5 année précédentes. 9. Prix courant de l'once de graine 1862. 10. Moyenne pp. 11. Valeur totale de la graine employée. 12. Poids moyen des cocons obtenus d'une once de graine 1862. 13. Moyenne pp. 14. Poids total des cocons. 15. Prix courant d'un kilogramm de cocons 1862. 16. Moyenne pp. 17. Valeur totale des cocons.

V. Jachères mortes.

Hectares.

VI. Vignes.

Departements	1
Superficie	2
Produit moyen par hectare 1862	3
Produit total	4
Prix moyen de l'hectolitre en 1862	5
Valeur totale	6

VII. Bois et Forêts.

A

Departements	1
Superficie : Taillis simple	2
sous futaie	3
Futaie feuillue	4
résineuse	5
Superficie totale	6
Production moyenne annuelle en stères par hectare	
Bois de feu taillis simple	7
Taillis sous futaie	8
Futaie	9
Bois de service et d'industrie	
Taillis sous futaie	10
Futaie	11
Valeur moyenne annuelle par hectare de la production	
Taillis simple	12
sous futaie	13
Futaie	14
des produits accessoires (Pacages, chasse, sable etc.)	15
Valeur totale de la production it.	16—19
Valeur totale	20

A. 1. Bois appartenant aux communes et établissements publics. 2. Bois appartenant aux particuliers. 3. Bois appartenant à l'état. 4. Bois appartenant à la liste civile.

Annexe. Departements.

Nombre des communes du departement.
Age moyen du cadastre au Ier janvier 1866.
Contenance des bois d'après le cadastre modifié en raison des bois domaniaux entrés dans la matière imposable et en raison des bois entrés dans le domaine de l'Etat.
Contenance de défrichements anterieurement à 1859
en 1859 et années suivantes
totale.

Contenance de plantations it. it. it.
Excedant des défrichements sur les plantations
des plantations sur les défrichements.
Situation nouvelle.

VIII. **Etendue du territoire.**

Departements	1
Froment d'hivir	2
„ de printemps	3
Epeautre	4
Métcil	5
Seiglo	6
Orge	7
Avoine	8
Maïs	9
Sarrasin	10
Millet	11
Superficie totale des céréales	12
Farineux, cultures potagères, maraichères et industrielles (non compris les châtaigniers mûriers et autres cultures arborescentes)	13
Prairies artificielles	14
Fourrages destinés à être consommés en vert	15
Jachères mortes	16
Superficie totale des terres labourables	17
Prairies naturelles	18
Vignes	19
Paturages (herbages, pacages, landes, pâtis bruyères) . . .	20
Bois et forêts appartenant aux departements, aux établissements publics et privés aux communes et aux particuliers	21
„ appartenant à l'Etat	22
„ appartenant à la liste civile	23

Part. 2. Animaux de ferme.

I. **Existences.**

1. Espèce chevaline, asine et mulassière.

Departements	1
Chevaux et Poulains	
de moins de 3 ans	2
de plus de 3 ans	3
Juments et Ponliches	
de moins de 3 ans	4
de plus de 3 ans	5
Total de Chevaux	6

Nombre moyen annuel de têtes enlevées par les maladies, les accidents et la vieillesse	7
Nombre total des ânes et anesses	8
des mules et mulets	9
Nom de le race du pays	10
Noms des races étrangères le plus répandries dans le département	11

2. Espèce bovine.

Taureaux	12
Boeufs	13
Vaches	14
Elèves d'un an et au dessus (Bouvillons, taurillons, génisses)	15
Veaux destinés à l'élève	16
„ à la boucherie	17
Total de la race bovine	18
Nombre moyen annuel des têtes enlevées par les maladies, les accidents ou la vieillesse	19
Age auquel on livre habituellement à la boucherie les boeufs, vaches, et taureaux	20
it. les veaux	21
Nom de la race du pays	22
Noms des races étrangères le plus répandues dans le département	23

3. Espèce ovine.

Béliers

Mérinos et autres races perfectionnées	24
Races du pays	25
Moutons, races perfectionées	26
races du pays	27
Brebis it. it.	22—29
Agneaux it. it.	30—31
Total races perfectionées	32
„ races du pays	33
.. sans distinction de races	34
Nombres moyen annuel des têtes enlevées par les maladies, les accidents, ou la vieillesse	35
Age an quel on engraisse les moutons pour la boucherie	36

4. Espèce porcine.

Porcs

de plus d'un an	37
de moins d'un an	38
total	39

Age ou quel on abat le plus habituellement
les porcs 10
Nom de la race du pays 11
Noms des races étrangères les plus répandues
dans le departement 12

5. Espèce caprine.
Boucs et chèvres 43
Chevreaux 44
Total 45

6. Volailles.
Dindes 46
Oies 47
Canards . . . . , . . . 48
Poules et Poulets 49
Pigeons 50
Total 51

7. Nombre des ruches d'abeilles. 52

II. Valeurs.

1. Espèce chevaline, asine et mulassière.
Departements 1
Prix moyen d'un cheval de selle 2
                de trait 3
         d'une jument poulinière 4
               non poulinière . . . 5
         d'un poulain . . . , ... 6
         d'une pouliche 7
         d'un âne 8
         d'une ânesse 9
         d'un mulet 10
Valeur totale des chevaux, des ânes et ânesses,
        des mulets. . . . . 11—13
  „   des chevaux, ânes et mulets . 14

2. Espèce bovine.
Prix moyen d'un taureau engraissé 15
                non engraissé 16
         d'un boeuf it. . . . . 17—18
         d'une vache it. . . . . 19—20
         d'un élève d'un an it. . . . . . 21—22
         d'un veau d'élève it. . . . . 23—24
         d'un veau de boucherie it. . . 25—26
Valeur totale des boeufs et taureaux, des vaches,
        des élèves, des veaux . . . . 27—31
Valeur totale 32

3. **Espèce ovine.**
  Prix moyen
    d'un bélier race commune 33
    race perfectionnée 34
    d'un mouton it. ..... 35—36
    d'un brebis it. ..... 37—38
    d'un agneau it. ..... 39—40
    Valeur totale des béliers, moutons, brebis, agneau 41—44
    „ des bêtes à laine......... 45
4. **Espèce porcine.**
  Prix moyen d'un porc de plus d'un an..... 46
    de moins d'un an 47
  Valeur totale race porcine 48
5. **Espèce caprine.**
  Prix moyen d'un bouc 49
    d'une chèvre......... 50
    d'un chevreau 51
  Valeur totale de boucs et chèvres, des chevreaux 52
6. **Volailles.**
  Prix moyen d'une dinde 53
    d'une oie......... 54
    d'un canard 55
    d'une poule 56
    d'un poulet 57
    d'un pigeon 58
  Valeur totale de la volaille 59
7. Valeur totale des ruches d'abeilles 60

III. Revenu brut moyen produit per les animaux de ferme.

	A	B	C	D	E	F	G	H	I	K	L	M
Departements	1	1	1	1	1	1	1	1	1	1	1	1
Engrais quantité en quintal métrique ..	2	2	2	2	2	2	2	2	2	2	2	2
„ valeur par quintal métrique. ..	3	3	3	3	3	3	3	3	3	3	3	3
Travail nombre des journées	4	4	4	4								
„ prix de la journée	5	5	5	5	5							
Croit	6		6	6	4			4	4			
Lait quantité en litre					7				5			
„ prix d'un litre.........					8				6			
Laine quantité en kilogramme								5	4			
„ prix du kilogramme de laine en suint								6	5			
„ „ it. lavée à dos								7	6			
Valeur totale (moins le croit) de revenu produit par un (une)	7		7		9		8		5	7		
par tous (toutes)	8		8		10		9		6	8		
„ totale de revenu produit par un (une)	4	6		6		4			7			4
par tous (toutes)	5	7		7		5			8			5
Revenu annuel produit par tous												

A. 1. Espéce chevaline, asine et mulassière: a. cheval ou jument.
B. b. Poulain ou pouliche.
C. c. Mule ou mulet.
D. d. Ane ou ânesse.
E. 2. Espéce bovine: a. Taureau ou bœuf.
F. b. Vache.
G. c. Elève. d. Veau.
H. 3. Espèce ovine: a. Bélier, Mouton ou brebis.
I. b. Agneau.
K. 4. Espèce porcine.
L. 5. Espèce caprine: a. Chèvre.
M. b. Chevreau.
 [6. Abeilles: Production moyenne annuelle d'un ruche, en cire, quantité (1),
  prix du kilogramme (2); en miel quantité (3); prix du kilogramme
  (4); Production totale en cire quantité (5); valeur (6); en miel it. (7—8).]
 [7. Poules pondeuses: Nombre moyen d'œufs par une poule pondeuse
  ordinaire (1); Prix moyen de la douzaine d'œufs (2); Valeur totale
  des œufs (3); Nombre d'annes après les quelles une pondeuse ordinaire cesse de pondre (4).]

IV. Rendement moyen des animaux livrés à la boucherie.

Departements	1
Nombre moyen annuel d'animaux abattus pour la boucherie	
Bœufs, vaches et taureaux	2
Veaux	3
Moutons et brebis	4
Agneaux	5
Prix moyen des animaux livrés à la boucherie	
Bœuf et taureaux en vie	6
les quatre quartier	7
Vache it.	8—9
Veau it.	10—11
Mouton et brebis it.	12—13
Agneau it.	14—15
Porc it.	16—17
Bouc et chèvre it.	18—19
Chevreau it.	20—21
Valeur par tête d'animal des produits autres que la viande (Os, corne, peau, pieds, sang, intestines et autres issues)	
Bœuf et taureau	22
Vache	23
Veau	24
Mouton et brebis	25
Agneau	26
Porc	27
Bouc et chèvre	28
Chevreau	29

Prix du demi-kilogramme (l'd.) de viande chez le boucher

    Bœuf et taureau . . . . | 30
    Vache . . . . | 31
    Veau . . . . | 32
    Mouton et brebis . . . . | 33
    Agneau . . . . | 34
    Porc . . . . | 35
    Bouc et chèvre . . . . | 36
    Chèvreau . . . . | 37

Part. 3. Economie rurale.

I. Des divers modes d'exploitation du sol.

Departements . . . . | 1
Nombre de propriétaires cultivant par les soins
    d'un maitre valet . . . . | 2
    d'un régisseur . . . . | 3
    Cultivant de leurs mains et ne cultivant que leur
       terre . . . . | 4
    Cultivant à la fois par eux et pour autrui comme
       fermiers . . . . | 5
       métayers . . . . | 6
       journaliers . . . . | 7
Nombre des fermiers non propriétaires . . . . . . | 8
    des métayers non propriétaires . . . . | 9
    des journaliers non propriétaires . . . . | 10
Nombre des fermes louées par des baux
    de 3 ans . . . . | 11
    de 6 ans . . . . | 12
    de 9 ans . . . . | 13
    aux dessus de 9 ans . . . . | 14

II. Étendue des exploitations rurales.

Nombre des exploitations rurales dirigées par un seul propriétaire ou fermier dont les bâtimens sont situés dans le departement (qu'elles soient entiérement comprises dans sa circonscription ou qu'elles s'etendent au dehors).
    de moins de 5 hectares . . . . | 15
    de 5 à 10 . . . . | 16
    „ 10 à 20 . . . . | 17
    „ 20 à 30 . . . . | 18
    „ 30 à 40 . . . . | 19
    „ 40 et au dessus . . . . | 20
    Nombre total des exploitations . . . . . . | 21

III. Valeur vénale et prix de fermage par an et par hectare des diverses natures de propriétés rurales.

Terre labourable valeur vénale, 1. 2. 3. classe ..... 22—24
        prix moyen de fermage .... 25—27
Pré naturel   it.   .... 28—33
Vigne   it.   .... 34—39
Valeur vénale d'un hectare de bois
    Haute futaie 40
    Taillis sous futaie 41
    Taillis simple 42

IV. Nombre, salaires et gages des travailleurs agricoles.

1. Salaire ordinaire des journaliers.
    Departements 1
    Homme avant et après la moisson ou recolte
        nourri 2
        non nourri 3
        pendant la moisson ou recolte it. ... 4—5
    Nombre moyen des journées de travail par an
    (deduction faite de jours de fête, de la durée
    ordinaire du chômage des travaux agricoles.
    des maladies et accidents). 6
    Femme it. .... 7—11
    Enfant it. .... 12—16

2. Nombre et salaire, par an, des ouvriers et domestiques agricoles employés à l'année, logés et nourris dans la ferme.
    Maitres valets recevant leurs gages
        en argent exclusivement nombre .. 17
                                        gages ... 18
        à la fois en argent et en nature it... 19—20
    Laboureurs it. .... 21—24
    Bouviers it. .... 25—28
    Charretiers it. .... 29—32
    Bergers it. .... 33—36
    Domestiques it. ...... 37—40
    Servantes it. .... 41—44

V. Industries diverses.

Departements 1
Industries diverses occupant accessoirement le journalier agricole, sa femme et ses enfants pendant le chômage des travaux agricoles ou même pendant la durée de ces travaux.
Nombre de personnes employées à ces industries.
    Hommes 2
    Femmes 3
    Enfants 4

Gain moyen, par jour, qu'elles procurent aux hommes, femmes, enfants . . . . | 5—7
Nombre moyen des jours employée par an, hommes, femmes, enfants . . . . | 8—10

VI. Outillage agricole.

Departements . . . . | 1
Nombre de charrues du pays . . . . | 2
           perfectionnés avec avant train . . . . . . | 3
           sans avant train . . . . . . | 4
Nombre de machines perfectionnées diverses.
           Scarificateurs . . . . | 5
           Extirpateurs . . . . | 6
           Fouilleuses . . . . | 7
           Houes à cheval . . . . | 8
           Herses . . . . | 9
           Buttoirs . . . . | 10
           Semoirs . . . . | 11
           Coupe-racines . . . . | 12
           Machines à faner . . . . | 13
                  à faucher . . . . | 14
                  à moisonner . . . . | 15
                  à battre à vapeur . . . . | 16
                  mues par des animaux . . | 17
Quantité moyenne d'engrais d'étable employée pour la fumure d'un hectare de terre (en quintal métrique) . . . . | 18

VII. Ameliorations et faits agricoles diverses constatés de 1852—62.

Departements . . . . | 1
Nombre d'hectares des landes bruyères pâtis et défrichés . | 2
Nombre d'hectares de bois défrichés . . . . | 3
Nombre d'hectares ensemencés ou plantés de dunes . . . | 4
           du sol montagneux . . . . | 5
Nombre d'hectares de prairies irriguées pour la première fois . . . . | 6
Nombre d'hectares de terres humides drainées . . . . | 7
           assainies à ciel ouvert . . . . | 8
Nombre d'hectares de marais desséchés . . . . | 9
Nombre d'hectares de terres chaulées . . . . | 10
           marnées . . . . | 11

Part. 4. Renseignements divers sur l'état de la propriété.

I. Recapitulation des contenances et revenus cadastraux par departement, d'après les résultats portés au livre terrier.

Departement	1
Superficie totale du territoire, ou propriétés imposables et non imposables	2
Contenance et distinctions des propriétés imposables.	
Cultures principales: Terres labourables	3
Prés	4
Vignes	5
Bois	6
Terrains divers: Vergers, pépiniéres, jardins	7
Oseraies, aulnaies, saussaies	8
Carrières et mines	9
Mares, canaux d'irrigation, abreuvoirs	10
Canaux de navigation	11
Landes, patis, bruyères, tourbières, marais, rochers, montagnes incultes, terres vaines et vagues	12
Etangs	13
Olivets, amandiers, mûriers etc.	14
Châtaigneraies	15
Total des propriétés non bâtis imposables	16
Contenance des propriétés bâties imposables	17
Total général de contenance imposable	18
Contenance des objets non imposables	
Routes, chemins, rues, places et promenades publics	19
Rivières, lacs, ruisseaux	20
Forêts et domaines non productifs	21
Cimetières, presbytères, bâtiments d'utilité publique, superficie d'églises	22
Autres objets non imposables	23
Total	24
Nombre des propriétés baties imposables.	
Maisons, magasins, boutiques, et autres bâtiments consacrés à l'habitation, au commerce et à l'industrie: Constructions industrielles	25
Moulins à eau et à vent	26
Forges et fourneaux	27
Fabriques, manufactures, usines	28
Autres constructions industrielles	29
Total du nombre des propriétés bâties	30

Revenu total imposable d'après la matrice cadastrale   31
Nombre de côtes foncières 32
         de parcelles 33
Dates de l'achèvement do cadastre 34

II. Rapport centésimal entre les diverses superficies arables d'après le cadastre.

Departements 1
Terres labourables 2
Prés 3
Vignes 4
Bois 5
Vergers, pepinières jardins 6
Oseraies, aulnaies, soussaies 7
Olivets, amandiers, mûriers etc 8
Châtaigneraies 9

III. Population, nombre des feux ou ménages en 1846. Nombre de côtes foncierès et des propriétaires en 1851.

Departements 1
Population d'après le dénombrement de 1846 totale . . . 2
           normale ou municipale 3
Nombre de feux ou ménages 4
Nombre des côtes foncières comprises dans les roles de 1851   5
Nombre de propriétaires 6
Rapports du nombre des propriétaires
       à la population normale 7
       au nombre de feux ou ménages 8
       au nombre des côtes foncières 9

IV. V. VI. Côtes foncières per quotité, et par departement en 1835, 1842 et 1858.

Departements 1
Nombre de côtes au dessous de 5 fr. 2
            de   5 à 10 fr. 3
                - 10 - 20 - 4
                - 20 - 30 - 5
                - 30 - 50 - 6
                - 50 - 100 - 7
                - 100 - 300 - 8
                - 300 - 500 - 9
                - 500 - 1000 - 10
            de 1000 fr. et au dessus 11
Total 12

VII. Côtes foncières par departement de 1860 à 1865

Departements	1
Nombre des côtes foncières en 1860	2
- 1861	3
- 1862	4
- 1863	5
- 1864	6
- 1865	7
Accroissement pour 100	8
Numero de chaque departement dans le classement par ordre décroissant d'augmentation	9

Anhang VI.

Anbau und Erntestatistik des Grossherzogthums Baden.

Amt: Gemeinde:

Erndte-Bericht für das Jahr 18

Die geforderten Angaben bezwecken die Förderung der Landwirthschaft, sowie des Handels mit landwirthschaftlichen Producten.

Anleitung zur Ausfüllung.

In die umstehende Liste sind für jede Art der in der **ganzen Gemeinde-Gemarkung**, einschliesslich aller Nebenorte, Weiler, Zinken, Höfe u. s. w., gebauten Gewächse die betreffenden Stellen auszufüllen.

In die schwarz angestrichenen Stellen ist kein Eintrag zu machen. Die Namen derjenigen Gewächse, welche nicht angebaut wurden, sind zu durchstreichen.

Die bebaute Fläche ist möglichst genau in Morgen, Vierteln u. s. w. nach **neubadischem Maasse** einzutragen. Bei solchen Gemarkungen, in denen die **Katastervermessung** stattgefunden, sind deren Ergebnisse bei den Flächenangaben zu Grunde zu legen.

Bei den Angaben auf S. 2 u. 3., so wie in Spalte 2 auf S. 4 ist das **Reutfeld** einzubegreifen.

In Sp. 3 auf S. 4 ist sodann das als Acker- und Brachfeld oder als Weide genützte Reutfeld nochmals besonders auszuscheiden, ausserdem das mit Wald bestockte Reutfeld einzutragen.

Die Ertragsangaben sind im Allgemeinen in **Centnern**, für den Wein jedoch in Ohm, für das Obst in Sestern, für die Kirschen jedoch ebenfalls in Centnern anzugeben.

Die **Futter**-Erträgnisse A. 27—31 und B. 2—4, sowie das Erträgniss der Wiesen sind für den **gedörrten** Zustand (Heu) anzugeben, wobei selbstverständlich das als Grünfutter verwendete ebenfalls berücksichtigt werden muss.

Das **Hanf-** und **Flachs**-Erträgniss ist für den **gehechelten** Zustand anzugeben.

Sollten bei einem oder dem anderen Gewächse die Angaben nicht in der vorgeschriebenen Weise gemacht werden können, so sind dieselben in andrer Weise zu geben, und über die hierbei gebrauchten Maasse u. s. w. **genaue Bemerkungen** beizusetzen.

Unglücksfälle, welche das Ernteergebniss wesentlich beeinträchtigt haben (Hagelschlag, Ueberschwemmung, Mäuse- und Engerling-Frass; Trauben- und Kartoffel-Krankheit u. s. w) sind unter „Bemerkungen" anzuführen.

Unter A. 1—53 sind die Einträge für die **erste** oder **Haupternte** zu geben. Wo Früchte als **zweite** Ernte auf demselben Felde (als Stoppel- oder Nachfrüchte) gebaut wurden, sind die Einträge dafür unter B. 1—10 zu machen.

Die ausgefüllte Tabelle ist zu unterschreiben, und spätestens bis zum 15. Dec. d. J. an das Grossh. Bezirksamt einzusenden.

Wie ist die Ernte im Ganzen zu bezeichnen? (sehr gut, ziemlich gut, wenig über Durchschnitt, Durchschnittserndte, wenig unter Durchschnitt, ziemlich schlecht, schlecht, sehr schlecht.)

Wie die Getreide-Ernte?

Wie die Futter-Ernte?

Wie die Ernte an: (Für die Gemeinde besonders wichtige Frucht oder Früchte.)

Unterschriften der beigezogenen Sachverständigen:

Unterschrift des Bürgermeisteramts:

Seite 2. Gemeinde-Gemarkung

Laufende Nr.	Fruchtart	Bebaute Fläche hunbenländischem Maasse. Morg.	Durchschnitts-Ertrag per Morgen. Körner, Saamen, Wurzeln. Ctr.	Stroh, Heu, Blatt, Hahn. Centner.	Gesammt-Ertrag 18... Körner, Saamen, Wurzeln. Ctr.	Stroh, Heu, Blatt, Hahn. Centner.	Bemerkungen.
	A. Erste oder Hauptfrucht.						
1.	Waizen, Winter-						
2.	„ Sommer-					—	
3.	Spelz (Dinkel, Veesen)						
4.	Einkorn						
5.	Roggen, Winter-					—	
6.	„ Sommer-						
7.	Gerste, Winter-						
8.	„ Sommer-		—				
9.	Hafer	—					
10.	Waizen und Roggen						
11.	Waizen und Spelz						
12.	Roggen und Spelz					—	
13.	Roggen und Hafer						
14.	Gerste und Linsen						
15.	Hafer und Wicken						
16.	Gerste und Wicken					—	—
17.							Für sonstige vor-
18.		—					kommende Misch-
19.					—		früchte.
20.	Mais (Welschkorn						
21.	Hirse						
22.	Heidekorn (Buchwaizen), mit Ausnahme der Stoppel- oder Nachfrucht, s. unt. B. 1						
23.	Erbsen (Felderbsen)		—				
24.	Linsen						
25.	Acker- (Sau-) Bohnen						
26.	Saatwicken						
27.	Klee, rother, deutscher		—		—		Das Grüngefüt-
28.	Luzerne (bl. ewiger Klee)		—		—		terte ist in Heu be-
29.	Esper (Esparsette)		—		—		rechnet hierbei mit in Anschlag zu
30.	Inkarnatklee	mit Ausnahme der Stoppel- od. Nachfrucht s. u. B. 2–4	—		—		bringen.
31.	Grünroggen		—		—		Vergl. die Anlei-
32.	Futterwelschkorn		—		—		tung.
33.	Gras, auf dem Acker gebaut (Grasfeld)		—		—		
34.	Mengfutter (z.B. Wickhafer)		—		—		
	Zu übertragen:						

einschliesslich aller Nebenorte, Weiler, Zinken, Höfe u. s. w.   Seite 3.

Laufende Nr.	Fruchtart.	Bebaute Fläche in rheinländischem Maasse. Morg.	Durchschnitts-Ertrag per Morgen.		Gesammt-Ertrag 18...		Bemerkungen.
			Körner, Saamen, Wurzeln. Ctr.	Stroh, Heu, Blatt, Hahn. Centner.	Körner, Saamen, Wurzeln. Ctr.	Stroh, Heu, Blatt, Hahn. Centner.	
	Uebertrag:						
35.	Reps und Rübsen . . .	—	—	—	—	—	—
36.	Mohn (Magsaamen) . .		—	—		—	
37.	Leindotter (Butterreps) .			—			
38.	Hanf (gehechelt.)						Wenn nicht ge-
39.	Flachs (gehechelt.)		—	—		—	hechelt, f welchen Zustand? . . .
40.	Tabak (getrocknet) mit Ausn. d. Stoppl.- o. Nachfrucht, s. u. B. 5.		—				
41.	Hopfen			—		—	
42.	Cichorie			—		—	-
43.	Zuckerrüben			—		—	
44.	Kartoffeln			—		—	
45.	Topinambur (Rosskartoffeln) .			—		—	
46.	Runkelrüben ⎫ mit Ausn.			—		—	—
47.	Gelbe Rüben ⎬ d. Stoppl.- o. Nachfrüchte	—	—			—	
48.	Brach-(weisse Rüben ⎭ B. 6, 7 u. 8.					—	
49.	Erdkohlrüben (Kohlrabi) . .			—		—	
50.	Kraut			—		—	
51.	Sonstige feldmässig ⎫			—		—	Hier einzutragen
52.	gebauten ⎬			—		—	z. B. Spargel, Krapp, Meerrettig
53.	Gewächse. ⎭			—		—	u s. w.
	Summe A.:	—	—	—	—	—	Summe A ist Seite 4 bei 1 einzutragen.
	B. Stoppel- (Nach-) Früchte.						
1.	Buchwaizen	—	—	—		—	
2.	Inkarnatklee ⎫		—	—		—	
3.	Grünroggen ⎬ (gedörrt.)		—	—			
4.	Futterwelschkorn ⎭ . . .					—	
5.	Tabak (getrocknet.) . . .			—		—	
6.	Runkelrüben . . .					—	
7.	Gelbe Rüben . . .		—	—		—	
8.	Weisse (Stoppel-) Rüben . .			—		—	
9.	— — —	—					
10.	—	—					
	Summe B.:	—	—	—	—	—	

Seite 4.

Laufende No.	Landwirthschaftliche Fläche der Gemeinde-Gemarkung, einschl. aller Nebenorte, Weiler, Zinken, Höfe u. s. w.	Fläche in neu-badischem Maasse. Morg.	Hierunter Reutfeld. Morg.	Durchschnitts-Ertrag per Morgen. Wein. Ohm.	Heu. Centn.	Gesammt-Ertrag 18.. Wein. Ohm.	Heu. Centn.	Bemerkungen.
I.	Bestelltes Ackerfeld, Summe A.:	—	—					
II.	Brachliegendes (unangebautes) Ackerfeld (ohne Oedung).	—	—					
III.	Wiesen, a. Heu	—						
	„ b. Oehmd	—						
IV.	Rebland	—						
V.	Hausgärten	—						
VI.	Obstgärten (Grasgärten)	—						
VII.	Kastanienwald	—						
VIII.	Ständige Weide	—						
	Gesammte landwirthschaftliche Fläche:	—						
	Ausserdem mit Wald bestandenes Reutfeld	—						
	Summe des Reutfeldes:							

Fragen:

1) Wie gross ist der Ertrag an nebengenannten **Obstsorten**?

2) Welches ist der Gesammtertrag der neben aufgeführten **Weinsorten**?

3) Wird **Hanf** und **Mais** als **Zwischenfrucht** gebaut, und welches ist der Gesammtertrag an Saamen daraus?

4) Wird von **neben bezeichneten** Gewächsen **Saamen** erzielt und bejahendenfalls von wie viel Morgen und mit welchem Ertrag per Morgen?

Beantwortung:

Zu 1. Der **Obstertrag** war an:
Aepfeln: . . Sester.   Kirschen: . . Cent.
Birnen: . . „   Nüssen: . . . Sest.
Zwetschgen: . „   Kastanien: „
Pflaumen: . „

Zu 2. Der Gesammtertrag an **Wein**, oben zu . . Ohm angegeben, besteht in folgend. Sorten:
Weisser Wein: Ohm.   Rother Wein: Ohm.
Weissherbst: „   Schiller (gemischt) „

Zu 3. Der gesammte **Saamenertrag** war:
Aus **Hanf**: . Cent.   Aus **Mais**: . . Cent.

Zu 4. An Saamen wurde erzielt:
Von . . Morgen **Klee** . Pfund per Morgen.
Von . . Morgen **Luzerne** . Pfund per Morgen.
Von . . Morgen **Esper** . Pfund per Morgen.

Anhang VII.

Uebersicht
der von der
Erntestatistik
der im Reichsrathe vertretenen K. K. Oesterreichischen Länder
beantworteten Fragen.

Gebiete (77 in Oesterreich ohne Ungarn, nach topographischen Unterschieden getrennt. Ostgalizien scheidet dabei Klein- und Grossbesitz)	1
Ackerland.	
Anbaufläche des Gebietes in Joch:	
Körner und Hülsenfrüchte:	2
Weizen *a*) Anbaufläche in Joch und in Prozent	3
Ertrag per Joch in Metzen . . .	4
Ertrag im ganzen Gebiet in Metzen	5
Roggen *b*) desgl.	6—8
Gerste *c*) desgl.	9—11
Hafer *d*) desgl.	12—14
Mais desgl.	15—17
Hülsenfrüchte, Hirse und Buchweizen *e*) desgl.	18—20
Knollen und Wurzelgewächse:	
Kartoffeln (Metzen) desgl. . .	21—23
Rüben *f* (Centnern) desgl. . .	24—26
Futterkräuter:	
Kleearten *g*) Centner desgl.	27—29
Feldgras, Grün- und Mengfutter *h*) desgl. . . .	30—32
Handelspflanzen *i* (Centner) desgl.	33—35

a) In einzelnen Gebieten Winter- und Sommerweizen getrennt.
b) Desgl. Winter- und Sommerroggen (Gemenge von Weizen und Roggen).
c) Desgl. Winter- und Sommergerste.
d) Desgl. Gemenge von Gerste und Hafer.
e) In einzelnen Gebieten auch Hülsenfrüchte und Hülsenfrüchte als Zwischenbau getrennt
f) Desgl. Futterrüben, Stoppelrüben, Möhren, Zuckerrüben.
g) Desgl. Rothklee, Luzerne.
h) Desgl. Eggartenheu, Mengfutter, Fourage, Wickenfutter, Mischling.
i) Desgl. Raps.

Wiesenland.
- Heu und Grummet:
  - Wiesenfläche des Gebietes 36
  - Ertrag per Joch in Centnern 37
  - Ertrag des ganzen Gebiets in Centnern . . . 38

Weinland.
- Wein:
  - Weinbaufläche des Gebietes 39
  - Ertrag per Joch in Eimern 40
  - Ertrag im ganzen Gebiete in Eimern 41

Ausserdem für einzelne Gebiete in Anmerkungen angegeben:
Kraut, Leinsamen, Flachs, Hanfsaamen, Safran, Kleesamen, Hopfen, Karden, Cichorien, Wicken, Mohn, Anis, Kümmel, Fenchel, Gemüsesorten, Flachs und Hanfbast, Baumwolle, Reis, Sorghum, Obstmost, Obstbranntwein, Obst, Oel, Seidenkokons, Honig, Wachs.

Anhang VIII.

Uebersicht
der von der
Agrarstatistik des Königreichs Bayern
beantworteten Fragen.

(Vergl. „Die Ernten im Königreiche Bayern und in einigen andern Ländern" von v. Herrmann, Heft XV der Beiträge zur Statistik des Königreichs Bayern. München 1866.)

Anbau und Ertrag
Besitzverhältnisse und Stückelung des Bodens, dann Lohn der Landbau-Arbeiter nach dem Stande und der Ernte des Jahres 186 .

Der Anbau und Ertrag der Nach- oder Stoppelfrüchte ist unter der Zeile zu verzeichnen.

Verwaltungsdistrikte . .	1
I. Kornfrüchte:	
Weizen Anbau . . Tagwerke	2
Aussaat auf ein Tagwerk Metzen	3
Durchschnittlicher Ertrag vom Tagwerk Schober	4
Schäffel	5
Gesammtertrag . . Schäffel	6
Roggen desgl.	7—11
Dinkel (Faser, Spelz) desgl.	12—16
Gerste desgl.	17—21
Hafer desgl.	22—26
Hülsenfrüchte (Erbsen, Linsen, Bohnen) desgl. . .	27—31
Mais Anbau . . Tagwerke	32
Durchschnittsertrag v. Tagwerk . . . . Schäffel	33
Gesammtertrag . . Schäffel	34
Buchweizen desgl. . . .	35—37
Hirse desgl.	38—40
Summe des Anbaus und des Ertrags an Kornfrüchten Tagwerke . .	41
Schäffel . . .	42
II. Kartoffelbau:	
Tagwerke	43
Ertrag auf ein Tagwerk Schffl.	44
Summe	45
III. Reine Brache:	
Tagwerke	46
IV. Handelsgewäche:	
Weinbau . . . Tagwerke	47
Ertrag in Eimern . .	48
Hopfen . . . . Tagwerke	49
Ertrag in Centnern . .	50
Flachs u. Hanf. Tagwerke	51
Ertrag in rohem Flachs oder Hauf . Centner	52
Ertrag in Lein- oder Hanfsamen . Schäffel	53
Tabak . . . . Tagwerke	54
Ertrag in Centnern . .	55
Oelsamen (Raps, Mohn und desgl.) . . Tagwerke	56
Ertrag in Schäffeln . .	57
Andere Handelsgewächse Tagwerke . .	58
Gesammtanbau an Handelsgewächsen . . Tagwerke	59

V. Futtergewinnung:

auf Ackerland eigentlicher Futterbau in vollem Anbau . Tagwerke	60
Ertrag in getrocknetem Zustand . . Centner	61
als Nachfrucht . Tagwerke	62
Ertrag desgl.	63
Rüben desgl.	64—67
auf Wiesen . . Tagwerke	68
Heu und Ohmet . Ctr.	69
Viehweide . . . Tagwerke	70

VI. Gartenbau:

Tagwerke	71

VII. Landwirthschaftlich benutztes Areal:

Summe desselben in Tagwerken	72
Hiervon befinden sich im Privatbesitze . . Zahl der Besitzer .	73
Zahl der Tagwerke	74
Zahl der Parcellen	75
im Besitz von Stiftungen, Gemeinden und Corporationen . . . . Tagwerke	76
im Besitz des Districts, Kreises, des Staates Tagw.	77

VIII. Waldung:

Summe desselben in Tagwerk	78
Holzertrag in Klaftern . . .	79
Hiervon befinden sich im Besitz von Privaten: Zahl der Besitzer .	80
Zahl der Tagwerke	81
von Stiftungen etc. (wie 76) Tagwerke . .	82
des Districts etc. (wie 77) Tagwerke	83

IX. Haus- und Hofräume:

Tagwerke	84

X. Strassen und Wege:

Tagwerke	85

YI. Flüsse, Seen, Gewässer:

Tagwerke	86

XII. Felsen und Oedungen:

Tagwerke	87

XIII. Summe des ganzen Areals:

Tagwerke	88

XIV. Tagelohn beim Landbau:

im Geldanschlage aller Bezüge eines Mannes . . Xr.	89
einer Frau . . . Xr.	90

XV. Gesindelohn:

(einschl. des Geldanschlags der Naturalverpflegung)

des Jahres eines Knechtes fl. .	91
einer Magd fl. .	92

Anhang IX.

Das
von dem internationalen statistischen Congresse
als Grundlage für internationale Handelsnachweise vorgeschlagene
Waarenverzeichniss.

I. Thiere und thierische Produkte zur Nahrung.
   1. Pferde.
   2. Ochsen und Kühe.
   3. Kälber.
   4. Schafe, Hammel, Ziegen.
   5. Schweine.
   6. Fleisch.
   7. Butter.
   8. Käse.
   9. Häringe.
   10. Andere Fische, gesalzen, getrocknet oder geräuchert.

II. Thierische Abfälle und Düngstoffe.
   11. Knochen, Hörner und Klauen.
   12. Guano.

III. Fette und Oele.
   13. Talg und Fett.
   14. Thran.
   15. Baumöl.
   16. Andere Oele.
   17. Seife, mit Ausschluss der Parfümerie-Seife.

IV. Getreide und Mehl.
   18. Weizen.
   19. Roggen.
   20. Hafer.
   21. Gerste.
   22. Reis.
   23. Mais.
   24. Andres Getreide.
   25. Weizenmehl.
   26. Andere Mühlenfabrikate und Grützen.

27. Kartoffeln.
28. Futtersaamen.
29. Leinsaat.
30. Andere Oelsämereien.
31. Hopfen.

V. Getränke.
32. Spiritus, Brantwein.
33. Wein.
34. Bier.

VI. Colonialwaaren.
35. Kaffee.
36. Thee.
37. Cacao.
38. Roher Zucker.
39. Raffinirter Zucker.
40. Tabacksblätter.
41. Tabacksfabrikate.
42. Orangen und Citronen.
43. Getrocknete Früchte.

VII. Farbestoffe.
44. Farbeholz.
45. Krapp.
46. Indigo.
47. Cochenille.

VIII. Textil-Industrie.
a) 48. Rohe Baumwolle.
49. Baumwollengarne.
50. Baumwollenzeuge.
b) 51. Flachs.
52. Hanf.
53. Heede.
54. Tauwerk.
55. Leinen und Hanfgarn.
56. Leinwand und Segeltuch.
c) 57. Wolle.
58. Wollengarn.
59. Wollene Gewebe.
60. Teppiche.
d) 61. Puppen des Seidenwurms.
62. Rohe und gesponnene Seide.
63. Seidene Stoffe.
64. Seidene Bänder.

IX. Häute und Fabrikate aus Häuten.
65. Rohe Häute.
66. Leder.

67. Schuhwerk aus Leder.
68. Lederne Handschuhe.
69. Rauchwaaren.

X. Papier und Papierstoffe.
70. Lumpen.
71. Papier und Pappen.
72. Bücher, Kupferstiche, Noten und andere Drucksachen.

XI. Stein- und Glaswaaren.
73. Fayence und Porzellan.
74. Fensterglas.
75. Spiegel und Spiegelglas.
76. Bouteillen.

XII. Metalle und Metallfabrikate.
77. Kupfer und Messing (Münzmetalle).
78. Blei.
79. Zink.
80. Rohes Gusseisen.
81. Eisen in Stangen und Blechen.
82. Eisenbahnschienen.
83. Landwirthschaftliche Maschinen und Geräthe.
84. Maschinen.
85. Maschinentheile.
86. Locomotiven.
87. Wagons.
88. Feuergewehre.

XIII. Holz und Kohlen.
89. Edle Holzarten.
90. Bauholz.
91. Brennholz.
92. Steinkohlen.
93. Koaks.

XIV. Verschiedene Waaren.
94. Schwefel.
95. Soda.
96. Salz.
97. Cement.
98. Mineraloel.
99. Möbeln.
100. Fortepianos.
101. Fertige Kleidungsstücke.

XV. Edle Metalle.
102. Gold, unbearbeitet und in Münzen.
103. Silber, unbearbeitet und in Münzen.